SAVERNE

ET SES ENVIRONS.

SAVERNE
ET SES
ENVIRONS
Laville del.
Lith. E. Simon à Strasbourg

SAVERNE
ET SES ENVIRONS,

PAR CH. G. KLEIN, AVOUÉ,

ILLUSTRÉS

PAR EUGÈNE LAVILLE,

AVEC DESSINS D'ARCHITECTURE PAR M. MÆSTLÉ.

STRASBOURG,

IMPRIMERIE DE G. SILBERMANN, PLACE SAINT-THOMAS, 3.

1849.

SAVERNE.

SAVERNE

ET SES ENVIRONS.

Dans un moment où le chemin de fer de Paris à Strasbourg va être mis en exploitation et nous rapprochera de beaucoup de villes grandes et petites, qui se trouvent sur la ligne qu'il parcourt, il ne sera pas inutile de faire connaître à nos nouveaux voisins, ainsi qu'aux voyageurs et touristes, que la ville de Saverne en elle-même et surtout les sites pittoresques qui l'entourent, méritent leur attention sous le double rapport de l'histoire et de la beauté du pays.

Il convient de leur dire que lorsqu'ils arriveront de l'intérieur, tout étourdis encore des changements subits des paysages, de l'entrée et de la sortie des souterrains que traverse la voie ferrée, s'ils ne s'arrêtent point à Saverne, ils verront avec un vif regret fuir rapidement derrière eux les montagnes gracieuses, les riantes vallées, et seront inexorablement entraînés au travers d'une plaine fertile et peuplée, mais qui n'a pas l'intérêt que promettent et réalisent toujours les pays de montagnes en général et les environs de Saverne en particulier.

Pour donner une idée de ces beautés, j'ai placé à la tête de l'ouvrage le joli dessin dû au crayon de M. LAVILLE, représentant le *Saut du prince Charles*. L'idée qui a présidé à cette conception est aussi poétique que les lieux qu'elle représente : en haut la personnification des exploits du moyen âge dans ce cavalier qui, ne pouvant plus échapper à ses ennemis, préfère la chance d'un saut incroyable à l'ignominie de la captivité ; la force et le courage représentés par le chevalier et son destrier, mis tout en haut dans les nues ; en bas, l'artiste, son bâton de montagne à la main, son parapluie attaché sur le sac, stimulé par le feu divin de l'art, grimpe d'un pas décidé le sentier rocheux, pour se rapprocher le plus près de la nature et de la légende ; son guide, paresseux vulgaire, tout en ne bougeant pas de son siége, semble dire : « A quoi bon ? pourquoi aller plus loin ? n'est-on pas très-bien ici ? »

Oui, poëtes, artistes, promeneurs et visiteurs de toute espèce, venez à Saverne, marchez ou reposez-vous, vous ne trouverez que jouissance et satisfaction ; égarez-vous dans les vallées ou franchissez les montagnes et les précipices, partout la nature parlera à votre cœur et vous ne regretterez point d'avoir retranché quelques heures de séjour à la ville, pour les passer parmi nous, dans nos vallées.

Ayant traversé la Champagne et la Lorraine, le voyageur arrive en face de la chaîne des Vosges ; la vapeur l'entraîne vers ces montagnes avec sa célérité connue ;

il ne peut se défendre d'un sentiment d'appréhension, en s'enfonçant dans leurs flancs sombres, semblable au gnome de la fable, entouré d'un nuage de fumée, au bruit retentissant du tonnerre et à la lueur fantastique des étincelles jaillissantes.

Passer sous une montagne, dans une voiture de fer, quitter la lumière du soleil pour s'abîmer dans le centre de la terre, ressortir du côté opposé, saluer de nouveau, avec un immense sentiment de félicité, la douce clarté du jour, jeter un coup d'œil étonné sur le changement du paysage, voilà ce qui vous arrive, après avoir dépassé le souterrain d'Archewiller près Sarrebourg, qui a près de cinq kilomètres de long.

Vous avez, en effet, quitté les plaines monotones de la Lorraine, vous avez franchi une montagne par sa base et vous trouvant de l'autre côté, la nature a changé. Vous parcourez rapidement une vallée tortueuse longeant des montagnes couvertes de chênes, de hêtres et de sapins dans toute la splendeur de leur développement, des rochers escarpés, des filets d'eau scintillant le long des montagnes, au travers les feuillages agités. La forêt elle-même présente des variations continuelles; à chaque courbe, la vue se transforme; de riantes prairies bordent le torrent que vous passez et repassez; puis des champs cultivés, quelques habitations dispersées, une élégante maison forestière, des houx sombres, des pins au vert mat se succèdent rapidement, et tout d'un coup, immense colosse encore dans sa ruine, le château de Lützelbourg se présente en face, pour vous barrer le passage. Mais méprisant cet obstacle placé par main d'homme, le génie du siècle s'est attaqué aux rochers de la Création, et laissant au temps le soin de détruire le château féodal, il a miné le roc; de nouveau les voûtes sombres des souterrains vous accueillent, et vous relâchent, pour vous entourer de nouveau. Cinq fois, dans un espace de deux lieues, vous entrez dans le sein de la terre; cinq fois vous en ressortez pour arriver à l'issue des Vosges, par la vallée de la Zorn.

Vous êtes en Alsace. Saverne est devant vous.

Dans les petits intervalles qui séparent les souterrains, vous avez aperçu, de gauche et de droite, plusieurs ruines des châteaux du moyen âge, dominant la crête des montagnes, des usines, des métairies, des habitations, des cultures et des prairies variant la vallée; la vue de cette belle nature vous a dédommagés des frayeurs passagères que vous ont causées les souterrains.

Vous arrivez à la station de Saverne, vaste et magnifique enclos, remblayé de trois mètres par les terres enlevées aux côtés des collines environnantes; le débarcadère occupe la place des jardins potagers ayant appartenu à l'ancien couvent de la Congrégation et au cardinal de Rohan, dont une partie a échappé à l'envahissement du chemin de fer, et subsiste pour témoigner de l'ancienne fertilité.

Saverne est situé au pied du versant oriental des Vosges. La ville se divise en trois parties: les faubourgs, la ville haute et la basse ville. La ville haute qui contient la cathédrale, l'ancien château du cardinal, les bâti-

ments de la régence et de la cour des comptes, ainsi
que le nouveau château, est située sur une hauteur ; se
prolongeant vers le nord, elle forme la basse ville et
vers le sud les faubourgs. Toute la ville est traversée
par une rue grande et large, qui prend commencement
à la route nationale de Paris à Strasbourg, se divise en
deux au milieu du faubourg, pour se diriger d'un côté
vers Bouxwiller et Hochfelden, de l'autre vers Marmoutier. La route nationale passe, à l'ouest de la ville,
entre cette dernière et les Vosges, pour entrer dans le
faubourg, à peu près à son milieu. D'autres rues adja-
centes se joignent à la grande artère, pour faire de
Saverne une ville propre, espacée, gaie et riante.

Le canal de la Marne-au-Rhin la traverse au milieu,
et les travaux d'art, qui ont été exécutés par l'entrepreneur Grass, sont dignes d'attention. Le canal, sortant
de la vallée de la Zorn, se dirige vers la ville par une
grande courbe qui l'éloigne du chemin de fer, son com-
pagnon de la vallée ; il passe, pour y entrer, sous la
route nationale, et franchit, au moyen de deux écluses,
une chute de quinze mètres pour arriver au grand bassin
sur le parc, qui, par sa position à côté de la grande espla-
nade, présente pour le chargement et le décharge-
ment des marchandises, une grande commodité.

La station du chemin de fer est en dehors de Saverne,
et pour en faciliter l'abord, on a percé une rue droite
et large, qui a fait disparaître une vingtaine de vieilles
masures, accolées à l'ancien mur d'enceinte. Cette rue
passe sur deux ponts neufs jetés, l'un sur le canal du
moulin dit *Stadtmühl,* et l'autre sur la Zorn. La voie

ferrée quitte le débarcadère pour longer les vignobles à droite, traverse la basse ville dans le sens vertical, en enlevant encore une quinzaine de vieilles constructions, en face de l'Hospice, franchit un bras de la Zorn, en laissant à droite les moulins *Hertrich* et *Darcourt*, et passe à niveau sur la route nationale de Paris à Strasbourg, pour se jeter dans les montagnes. Nous suivrons plus tard cette ligne dans ses capricieuses allures.

Ce qui frappe tout d'abord dans chaque localité l'étranger qui la visite, ce sont les églises et les monuments publics.

La principale église de Saverne, sous l'invocation de la Nativité de la Sainte-Vierge, paraît de prime abord mériter peu d'attention ; le vulgaire, en considérant cette tour massive et carrée, terminée par une couverture mesquine, surmontée d'une croix en pierre, passe avec indifférence ; et cependant, en analysant l'ensemble de cette construction, l'on y découvre de véritables beautés architectoniques.

Il y a trois époques de construction et trois styles différents dans l'ensemble de l'église. La tour date du douzième siècle et est du style romano-byzantin ; chacun des cinq étages est orné de cordons à larges moulures, de pilastres et de pendentifs. Les ouvertures du campanille sont géminées à plein cintre et supportées par des colonnettes à chapiteaux cubiques. La nef est du quinzième siècle et le chœur du quatorzième, construits en style ogival secondaire et tertiaire. Les voûtes de la nef et du chœur sont soutenues par des contreforts établis à l'extérieur des faces ; les nervures des voûtes se réunissent en faisceaux avec les piliers sans chapiteaux. Les arcadures de la tribune, des orgues et la chaire sont d'une exécution bien harmonieuse. Les sculptures en bois des lambris en chêne qui tapissent le chœur sont d'un beau travail. Les vitraux peints attirent également l'attention.

La chapelle de la Vierge, adossée contre la nef du côté nord et réunie à celle-ci par des arcs formerets, est du style ogival tertiaire; son chœur servait à l'inhumation de la famille de Rohan.

Les travaux faits, il y a quelques années, pour la prise en sous-œuvre de la face nord de cette chapelle, ont fait découvrir plusieurs caveaux servant à cette destination. Le premier était vide. On y avait déposé le corps d'un prince de Soubise; à la première révolution, l'on découvrit le cercueil, le plomb en fut retiré pour faire des balles, et les restes mortels du prince furent jetés dans l'ossuaire, pêle-mêle avec les autres y renfermés. *Sic transit gloria mundi !*

Le second caveau renferme, également dans un cercueil de plomb, les restes d'un archevêque de Metz, ayant appartenu à la famille de Rohan; l'entrée du chœur de cette chapelle est fermée par un grillage dans le style de la Renaissance, en fer battu, orné de guirlandes de fleurs d'un travail parfait.

Dans cette chapelle sont suspendus quatre tableaux de Hans Wohlgemuth, sur bois, représentant quatre stations; le travail en est exquis.

Dans l'intérieur de la sacristie l'on voit également un buste en marbre blanc, représentant un *Ecce homo* qui

mérite d'être remarqué, sans que le nom du statuaire
nous soit connu.

Dans le bâtiment perpendiculaire au chœur de l'église,
vers le nord, se trouve une grande crypte remplie d'osse-
ments, au-dessus de laquelle est une belle chapelle du
quatorzième siècle, dédiée à saint Michel. Cette chapelle,
qui fait partie de l'ancien château du cardinal et com-
munique avec les autres pièces de ce château, paraît
avoir été à l'usage exclusif de ses habitants. A côté et
également au-dessus de la crypte se trouve une belle
salle carrée dont les voûtes sont supportées par des colonnes à chapiteaux, ornés de rinceaux et de volutes;
dans les intervalles on distingue encore des vestiges
de peinture. Cette construction remonte également au
quatorzième siècle.

Sur le chœur de l'église on remarquait encore, il y a
quelques années, un clocheton à flèche très-élancée,
dont la charpente était recouverte de plomb; les frontons qui s'élevaient sur chacun des six pans étaient ornés de feuilles cruciformes élégamment découpées.

A la droite de la porte d'entrée se trouve taillée dans
la pierre et déterminée par des morceaux de fer garnis-
sant les deux bouts, l'ancienne unité de mesure pour le
bois de chauffage. Pour qu'elle ne se perde pas et pour
que tout le monde puisse y recourir au besoin, on la
plaça dans cet endroit public avec l'inscription gothique : Dies ist das Holzmaſz (*Voici la mesure pour le
bois*). Lors de la révolution de 1793, l'église avait été
transformée en magasin à fourrages.

Derrière la collégiale se trouve l'ancien château qui

ne présente rien de curieux ; à côté de l'ancien est le bâtiment que l'on appelle le Petit-Château, l'ancienne Cour des comptes. Le propriétaire, pour attirer l'attention des visiteurs, a perpétué le souvenir du séjour de Charles X dans cette maison par une inscription sur marbre blanc et en caractères d'or.

A côté du Petit-Château se trouve le tribunal civil, anciennement le bâtiment de la Régence, plus tard transformé partiellement en prison. Ces deux bâtiments sont construits sur l'ancien mur d'enceinte de la ville.

Une tradition prétend que de l'église cathédrale ou des bâtiments environnants, il part un souterrain qui conduit jusqu'au Haut-Barr, que ce souterrain a servi à cacher les douze apôtres en argent massif, qui jadis ornaient le maître-autel, ainsi que beaucoup d'autres trésors de l'église. L'évêque seul connaissait l'entrée de ce souterrain et l'indiquait à son successeur dans un écrit que ce dernier devait brûler après l'avoir lu. Il arriva un jour que l'évêque mourut de mort subite, et depuis lors l'entrée du souterrain est demeurée inconnue.

La deuxième église de Saverne est celle dite *des Récollets.*

L'ancien monastère des Récollets a été construit par les religieux Augustins d'Obersteigen, dans le commencement du quatorzième siècle.

Environ cent ans après, ceux-ci le cédèrent aux Récollets qui en étaient en possession jusqu'à la révolution de 1789.

Les vastes bâtiments qui entourent l'église servent aujourd'hui aux écoles et aux salles d'asile, ainsi qu'au logement des instituteurs et des sœurs institutrices.

Le cloître adossé à l'église est très-remarquable, il entoure une cour intérieure de peu d'étendue. Sa face vers cette cour est formée par une série de belles arcades en pierres de taille à ogives géminées, trilobées, surmontées de rosaces à quatre lobes, dont les profils sont aussi légers que nettement exécutés.

La face intérieure du cloître, à la droite de l'entrée, est formée par des arcades en ogives au tiers point, dont les pieds-droits sont ornés de petites colonnettes avec chapiteaux cubiques et bases à pans octogoniques ; l'ouverture des arcs est le double de ceux de la face intérieure ; le fond de chaque arc est orné de peintures, dont plusieurs sont anciennes et représentent des allégories sur la vie et sur le jugement dernier. Entre chaque arceau se trouvent deux têtes de saints.

Sur l'inclinaison du socle de l'un de ces arceaux se trouve incrustée la date de 1378. Voici l'inscription traduite : *En l'an du Seigneur 1378, le troisième jour des calendes d'octobre, décéda Berthold dit Moine, chevalier de Wildsberg.*

La construction du cloître paraît avoir précédé cette date de quelques années ; son style ogival dénote le quatorzième siècle.

Les peintures du cloître sont du dix-septième siècle ; l'une d'elles porte la date de 1618, avec un nom qui pourrait bien être celui du peintre : Bartholomeus Greiner 1618.

Les dalles funèbres qui recouvrent le sol sont également en majeure partie du dix-septième siècle.

Il se trouve dans l'église un bas-relief remarquable du quinzième siècle, en bois, représentant la résurrection du Christ; les douze apôtres, rangés autour du sarcophage, sont d'un travail parfait; le Christ manque. Il n'y a que quelques années que ce travail curieux a été découvert dans les combles du bâtiment par M. Mæstlé, architecte, et replacé dans l'église.

Derrière les bâtiments de l'ancien couvent passe maintenant le canal; en le creusant, on a mis à jour les débris d'une église; les colonnes et les sculptures que l'on a retrouvées ont été employées par l'entrepreneur à la construction du mur de soutènement, mais de façon à conserver leur forme.

On a également déterré un tableau votif à Apollon et à Mercure, que l'on a placé dans l'ancien mur d'enceinte de la ville au bas des écoles, ainsi qu'un écusson aux armes d'Érasme de Limbourg, élu évêque de Strasbourg en 1541, qui est probablement le fondateur de l'église qui date du seizième siècle.

Il y a encore trois autres chapelles, celle de l'Hôpital, celle dédiée à saint Nicolas et la chapelle d'attente qui se trouve sur le cimetière.

L'église protestante, placée entre Saverne et Monswiller, a la forme d'un carré long avec chevet carré vers le sud. L'entrée principale est au nord, son style est à plein cintre imité sur le roman.

Elle a été construite en 1845 par les entrepreneurs Essig et Dietsch de Saverne, sous la direction de M. l'architecte Mæstlé.

Le portique est orné de moulures, supporté par deux

colonnes octogoniques, aux deux tiers saillants, avec
chapiteaux à entrelacs de rinceaux et bases à compartiments à rosaces; un auvent en forme de fronton, surmonté d'une croix, recouvre l'entrée; il repose sur deux
grandes consoles ornées d'entrelacs; son plafond est à
sophites avec rosaces. Cette face est couronnée d'un
campanille transparent en pierres de taille, pour trois
cloches.

Les dispositions intérieures sont bien prises. En face
de l'entrée se trouve l'autel, derrière l'autel la chaire
et au-dessus de la chaire les orgues. Une tribune règne
sur les trois faces du bâtiment, elle est supportée par
des colonnes octogoniques, en pierres de taille, à bases
et chapiteaux variés, ornées de dessins variés; des fenêtres géminées à plein cintre éclairent l'intérieur.

Toute cette distribution, ces ornementations, font
honneur à la conception de l'architecte, qui sans s'é-
carter du style sévère des églises protestantes, pros-
crivant le luxe, a fait d'une petite église un bijou d'élégance.

Derrière l'église cathédrale et sur la même ligne que
la Chancellerie, l'hôtel de la Régence et la Cour des
comptes, se trouve le nouveau château, qui est contigu
à l'ancien.

Cette construction magnifique a été commencée par
l'évêque Egon de Fürstenberg et achevée par le prince
Armand Gaston de Rohan. Cependant un incendie qui y
éclata en 1780, endommagea la plus forte partie du
château.

Le cardinal Louis de Rohan, qui alors était évêque,

le reconstruisit tel qu'il est aujourd'hui, mais n'eut pas le temps de l'achever; la grande révolution de 1789 surgit et le château resta inachevé. En 1817, les Autrichiens y furent logés. Aujourd'hui il sert de halle aux blés, de caserne, de magasin à fourrages, etc., et les caves sont transformées en écuries, pour l'assainissement desquelles on a été forcé de décaper près de deux mètres du parc.

La face principale de l'édifice regarde l'est; devant cette face était disposée une belle terrasse, avec un grand bassin d'eau, qui communiquait avec un large canal d'environ trois kilomètres de longueur, se dirigeant en ligne droite de Saverne vers le village de Steinbourg, qui se présente en amphithéâtre, dans le fond du tableau.

Vers l'extrémité de ce canal, il y avait un grand bassin circulaire, au milieu duquel se trouvait une île, sur laquelle était construit un superbe kiosque.

De vastes jardins, des allées, des grottes entouraient cette propriété et communiquaient avec la belle forêt de la Faisanderie, distante du château d'environ deux kilomètres et entourée d'un mur sur toute sa vaste étendue.

Cette forêt était sillonnée d'allées superbes aboutissant à des ronds-points et à des rendez-vous de chasse. Chaque allée avait vue, soit vers les montagnes, soit vers la plaine, et portait le nom d'une famille de la haute noblesse de France: l'allée d'Estrée, l'allée de Condé, etc.

Les bâtiments de la Faisanderie étaient placés au

milieu de la forêt et les cases des élèves rangées autour
du jardin.

La Faisanderie est devenue forêt domaniale; elle est
traversée par deux grandes routes départementales,
par le chemin de fer de Paris à Strasbourg, par le canal
de la Marne-au-Rhin; les murs d'enceinte ont disparu
et les faisans se sont envolés avec les maîtres; les bâtiments sont habités par le garde forestier; les nobles
allées sont parcourues par les pauvres des environs
qui ramassent le bois mort; le braconnier a remplacé
les nobles chasseurs; tout est changé, excepté la belle
nature: insoucieuse des changements humains, elle y
est restée ce qu'elle a toujours été, admirablement
belle. Ses ombrages ont grandi, et seront toujours re-
cherchés; la Faisanderie est et restera une des promenades les plus agréables en été, lorsque le soleil darde
ses rayons et en concentre les chaleurs entre les montagnes et que la plaine seule est agitée par le souffle
léger d'une brise rafraîchissante.

Le château épiscopal présentait du côté de la ville,
vers la place du marché actuel, deux constructions pa-
rallèles qui flanquaient une cour carrée, fermée devant
par un grillage. L'un de ces bâtiments existe encore;
il est occupé par la mairie, la glacière, la justice de
paix, les corps de garde, la maréchalerie et les cui-
sines des soldats de la garnison.

La face principale du château, vers le parc, a une
longueur de 141 mètres; elle est ornée de pilastres
d'ordre corinthien cannelés; au milieu se trouve un
avant-corps de huit colonnes saillantes, également

d'ordre corinthien ; les entre-colonnements sont garnis, au rez-de-chaussée, d'arcades archivoltées, dont les moulures sont ornées d'oves et de perles, ainsi que leurs impostes ; les fenêtres de l'étage au-dessus sont à plates-bandes avec appuis à consoles, chambranles et entablements avec moulures, richement ornés de feuillages, d'oves et de perles. Le cordon qui règne entre le rez-de-chaussée et l'étage présente entre chaque entre-colonnement un autre spécimen d'ornements ; les panneaux disposés au-dessus des cintres du rez-de-chaussée sont ornés de bas-reliefs représentant des attributs d'arts, de métiers et d'agriculture ; la corniche principale est complète, à frises, architraves et entablements avec modillons, le tout orné dans le même ordre ; au-dessus de cette corniche règne un acrotère avec galerie à balustres ; celui de l'avant-corps est plein et devait recevoir des bas-reliefs et des statues. Les frontons du pavillon en saillie portent aux deux extrémités les armes du cardinal Louis de Rohan en haut-relief bien orné.

Le soubassement de ce vaste palais est disposé en caves et en partie destiné aux offices ; il est couvert de superbes moellons à arêtes et cylindriques.

Vers l'ouest se trouvait l'escalier d'honneur, précédé d'un grand vestibule dont le plafond était supporté par des colonnes doriques, qui ont été enlevées pour être placées aux angles des routes départementales aboutissant à Saverne. Le reste du rez-de-chaussée était distribué en vastes couloirs, halles et appartements. Dans l'étage se trouvaient les salons de réception ; la partie

vers le sud était distribuée en appartements de différentes dimensions, salles de bains, etc. Chaque appar-
tement communiquait au rez-de-chaussée par un escalier de décharge.

En retraçant ici au lecteur les beautés de l'architecture de ce château, j'abandonne à son imagination le
soin d'entourer ce séjour de jardins avec leurs ter-
rasses de fleurs, leurs serres, leurs feuillages arcadés,
leurs puits artésiens, leurs berceaux de vignes; de se
retracer cette belle nappe d'eau, ces bosquets et ces
prairies arrondies; peuplez alors ces jardins de courtisans, de seigneurs et de dames de la cour de Louis XVI;
entendez hennir les chevaux de chasse, retentir les
aboiements de la meute impatiente, les échos des montagnes renvoyer les sons joyeux du cor, et demandez-
vous s'il devait y avoir encore beaucoup de châteaux
en France qui rivalisaient avec celui de Saverne!

Aussi le cardinal Louis de Rohan se consolait-il à
Saverne des disgrâces de la cour de Versailles. Son
arrivée était toujours une fête et toujours les habitants
allaient porter au devant de leur seigneur les hommages
de leur fidélité; leur attachement allait souvent jusqu'à
dételer les chevaux de son carrosse, pour le traîner à
bras jusqu'à son château. Avec lui arrivaient les fêtes,
les plaisirs et l'argent; à Saverne il était souverain et
avait à l'entour de lui sa cour, ses courtisans, ses flatteurs.

La dernière disgrâce qui l'éloigna de Versailles mérite de trouver place ici, avec d'autant plus de raison
que beaucoup de personnes soutiennent qu'une des

scènes principales s'est jouée à Saverne. Il paraîtrait même que cette assertion est le résultat de quelques confidences du cardinal lui-même. Quoi qu'il en soit, je vais raconter l'histoire du *collier*, en admettant comme vraie l'allégation que les faits qui ont préparé le vol de ce collier se sont passés à Saverne.

Le cardinal Louis de Rohan était un des plus beaux hommes de la cour de Louis XV et de Louis XVI. Cette beauté, qu'il se connaissait, le rendait excessivement confiant dans les impressions qu'il pensait produire, et les mœurs faciles de son temps n'étaient point faites pour lui apprendre à douter de son mérite physique.

Lorsqu'en 1772 Louis XV l'envoya comme ambassadeur à Vienne, où Marie-Thérèse tenait une cour d'une morale excessivement sévère, où l'on condamnait systématiquement les frivolités de celle de Versailles, l'impératrice le reçut avec une froideur tout allemande. Le prince fit intérieurement retomber la responsabilité de cet accueil sur la Dauphine Marie-Antoinette, qui, d'après les bruits de la cour, avait repoussé durement les prévenances marquées dont elle avait été l'objet de sa part. Marie-Thérèse, instruite par sa fille, faisait sentir son aversion autant à l'homme à bonnes fortunes qu'à l'ambassadeur français.

Il s'agissait alors, dans le monde politique, du premier partage de la malheureuse Pologne, que l'ambassadeur avait mission d'empêcher, et sous ce rapport encore Marie-Thérèse répugnait à lui accorder plus de distinction que les relations diplomatiques avec la France nécessitaient.

Au lieu de chercher à effacer cette impression, le cardinal, dans sa correspondance avec ses amis de Paris, se moquait de la raideur tudesque qui dominait à la cour de Vienne et répandit à cette même cour des bruits vagues sur la conduite soi-disante peu régulière de Marie-Antoinette. Ces insinuations perfides furent la cause de son rappel de Vienne. Arrivé à Paris, le Dauphin, devenu roi, lui accorda une courte audience et la reine ne voulut pas même le recevoir. Depuis lors le cardinal, que ses fonctions de grand-aumônier de France retenaient à la cour, y jouait un rôle triste et inférieur.

Homme de cour avant tout, cette atmosphère était nécessaire à sa vie ; prince temporel et prince de l'église, il ressentait profondément l'état d'insignifiance dans lequel l'aversion du couple royal l'avait relégué ; aussi toutes ses pensées, toutes ses démarches tendaient-elles à ressaisir de l'influence, à rentrer dans les bonnes grâces du roi et principalement dans celles de la reine. Cette idée fixe se fit tellement remarquer par toutes les personnes de la cour, qu'elle fit naître, dans l'esprit d'une femme artificieuse, l'espoir d'en tirer parti pour lui extorquer de l'argent, et, l'occasion aidant, elle fit perpétrer le vol du collier.

Une certaine comtesse de La Motte-Valois, dont la noblesse douteuse l'avait cependant fait recevoir à la cour, se rapprocha du cardinal de Rohan, en lui faisant espérer que par son entremise auprès de la reine, il pourrait rentrer en grâce. Cet espoir, habilement entretenu par cette femme, fit du prince un instrument docile au point, que son aveuglement surpassait encore l'effronterie et l'audace des manœuvres employées à son égard.

Madame de La Motte et son mari, ligués avec un certain Rétaux de Villette, ancien gendarme, engagèrent le prince à s'adresser humblement à la reine, en lui demandant pardon de toutes les fautes qu'il avait commises à son égard ; plusieurs suppliques restèrent sans réponse, mais n'en entretinrent pas moins l'espérance dans le cœur du cardinal. Madame de La Motte lui représente enfin que la reine s'intéresse beaucoup aux malheureux ; qu'en faisant des aumônes il toucherait une des cordes sensibles de son cœur ; elle obtient effectivement de lui une somme de 60,000 livres à employer en secours à des malheureux auxquels la reine s'intéresse, et promet de faire connaître à cette dernière le pieux donataire.

Bientôt une nouvelle somme de 100,000 livres est obtenue par le même moyen, et cette fois-ci une lettre courte, mais en termes gracieux et favorables, arrive entre les mains du cardinal, signée de la reine ; c'était Rétaux qui l'avait écrite et signée. Tout en louant le prince de ce qu'il employait si noblement sa fortune, la reine lui conseille de se retirer de la cour pendant un certain temps, pour lui laisser la latitude de faire sa paix avec le roi, et lui promet de le rappeler bientôt.

C'était la comtesse qui, craignant de se voir découverte et jugeant qu'il fallait éloigner sa dupe, avait eu recours à cette intervention royale, pour être plus sûrement obéie.

En effet, le prince, satisfait et joyeux, fit ses malles et partit pour Saverne. Il n'emmena que quelques domestiques et Cagliostro, dont il était devenu un des adeptes.

Pendant qu'il travaillait dans l'orangerie de son château de Saverne à la découverte de la pierre philosophale, il ne perdait cependant point de vue la réconciliation avec la reine de France; une correspondance active avec Madame de La Motte le rassurait constamment sur ses dispositions.

Ce fut vers la fin de l'année 1784 que les joailliers de la couronne, Bœhmer et Bassange, avaient offert en vente un collier de diamants d'une valeur de 1,600,000 livres. La reine avait refusé d'acheter des pierres précieuses pour une valeur aussi forte; les autres cours de l'Europe ne voulaient point non plus l'acheter, lorsqu'il vint dans l'idée de Madame de La Motte de s'en emparer au moyen du cardinal de Rohan.

Un plan habile fut conçu et exécuté. De nouvelles lettres de la reine furent fabriquées et promirent au prince une entrevue avec elle, à Saverne même. Cagliostro fut mis dans la confidence, et un beau soir arrivèrent à une auberge de cette ville quatre voyageurs, deux hommes et deux femmes, enveloppés de manière à ne pas pouvoir être reconnus. Vers onze heures de la nuit, ces quatre personnes, qui n'étaient autres que la comtesse de La Motte et ses acolytes, plus une certaine femme Leguay, dite d'Oliva, qui avait quelque ressemblance avec la reine, se dirigèrent vers la porte du parc; à un signal donné, elles furent introduites et dirigées

vers l'orangerie. Là, dans une chambre à peine éclairée et disposée à l'avance pour la mise en scène par
Cagliostro, d'Oliva, la tête enveloppée d'une coiffe, reçut le cardinal de Rohan, qui se jeta à ses pieds.

— «Vous pouvez espérer, lui dit-elle à voix basse,
« que le passé sera oublié; je suis contente de vous, et
« sous peu vous reviendrez à Paris; maintenant retirez-
« vous. »

En disant ces mots, elle lui remit une rose et une
boîte, dans laquelle se trouvait le portrait de la reine.

Rohan se retire, transporté des marques de bonté de
sa souveraine; son imagination s'exalte et ne rêve qu'à
son retour à la cour. Cagliostro, de son côté, l'entretient dans ses illusions, et au commencement de l'année
1785 le cardinal de Rohan repart pour Paris. Inquiet de
la froide réception que lui fait la reine, il en demande
l'explication à la comtesse de La Motte, qui lui promet
une réponse. En effet, le soir même, elle lui remet un
billet, dans lequel la reine lui dit que le moment n'est
pas encore venu, où elle pourra lui témoigner en public
les distinctions dont son amitié doit l'honorer.

Depuis la scène de l'entrevue, jouée avec autant d'im-
pudence que de succès, l'aveuglement du cardinal n'a-
vait plus de bornes; cette lettre devait donc faire disparaître tous les doutes. Aussi, pour ne pas contrarier
la reine dans les projets qu'elle pouvait avoir à son
égard, il se tint autant que possible éloigné de la cour.

Madame de La Motte fit alors venir chez elle les
joailliers avec le collier, leur dit que la reine voulait en
faire l'acquisition et qu'un grand seigneur de la cour

sera chargé de terminer secrètement cette négociation pour S. M. Une nouvelle lettre est fabriquée, qui donne au cardinal la mission d'entamer le marché. Le prince de Rohan traite avec les joailliers pour le prix de 1,600,000 livres et remet le traité signé par eux à Madame la comtesse de La Motte, qui se charge de le faire parvenir en secret à la reine et qui en effet le rapporte le lendemain revêtu de la signature : *Marie-Antoinette de France.*

Les joailliers n'hésitent pas un instant à livrer le joyau entre les mains du prince de Rohan, qu'ils regardent et qui se regardait lui-même comme le mandataire véritable de la reine. Madame de La Motte avait dit au cardinal que la reine désirait s'en parer pour le 2 février 1785, jour désigné pour une grande fête de la cour.

La veille au soir, le cardinal est introduit dans la maison de Madame la comtesse de La Motte à Versailles, accompagné d'un domestique qui portait l'écrin. On fait entrer le cardinal seul dans un cabinet vitré, attenant à une grande chambre, dont les portes s'ouvrent tout à coup, et un valet de pied, à la livrée de la reine, se présente en disant : De la part de la reine ! Madame de La Motte prend alors l'écrin et le remet à ce valet, qui s'éloigne, et le tour est joué.

C'était Rétaux qui, déguisé en valet de chambre, avait emporté l'écrin et qui, dans une pièce à côté, attendait ses complices. Le collier fut immédiatement démonté par eux, les pierres précieuses furent partagées et successivement vendues en Angleterre, en Allemagne et en Italie.

Lorsque le premier paiement devait se faire et que les joailliers s'adressèrent à cet effet à la reine, l'escroquerie fut découverte. Le cardinal, appelé en présence du roi et de la reine, vit bien qu'il avait été indignement joué; il balbutia quelques excuses, offrit de payer le collier, mais au sortir de l'audience royale, il fut arrêté et conduit à la Bastille.

Le procès s'instruisit pendant neuf mois; mais les découvertes qu'il amena n'ont jamais été rendues publiques. Le 31 mai 1786 le Parlement de Paris déclara fausse la signature de Marie-Antoinette, condamna M. de La Motte aux galères à perpétuité et à la flétrissure, Rétaux au bannissement perpétuel, et la femme de La Motte à être fustigée, marquée et enfermée à perpétuité à la Salpétrière; le cardinal de Rohan est déchargé des plaintes et des accusations portées contre lui, de même que Cagliostro.

Après sa sortie de la Bastille, le prince de Rohan est obligé de donner sa démission de grand-aumônier de France, de déposer l'ordre du Saint-Esprit et de se retirer à l'abbaye de la Chaise-Dieu en Auvergne, d'où il revint dans son évêché de Strasbourg et sa résidence de Saverne. La révolution de 1789 le fit quitter la France, et ses biens furent vendus comme biens nationaux.

Il peut être intéressant de conserver les noms des personnes qui composaient le dernier conseil de la régence et cour féodale de Saverne :

Président : M. le baron Truchsess de Rheinfelden, vice-dome de l'évêché.

Vice-chancelier, garde des sceaux : M. d'Elverth.

Conseillers : MM. Janneson père, Pettmesser l'aîné, Arth le jeune, Gérard, Knœpffler fils, Luther de Garbenfeld et Nebel.

Procureur fiscal général : M. de Haille.

Substituts : MM. Martinez et Gast l'aîné.

Greffier : M. Behr.

Parmi les curiosités de la ville, il faut encore placer la façade d'une maison qui date du commencement du dix-septième siècle, ainsi que l'indique le millésime 1608, taillé dans la pierre au-dessus de la porte. Cette maison, à côté de la sous-préfecture, appartient au docteur Lévis; elle est remarquable par les sculptures en bois qui règnent sur toute la façade, les vitraux ronds de ses croisées, maintenus dans du plomb, et en général par son extérieur suranné, qui forme disparate complète avec les maisons environnantes, construites dans le style moderne. On est tenté de la comparer à ces bons vieux citadins que je me rappelle avoir vu, il y a quelques années encore, conservant les ailes de pigeon et la queue de perruque, la grande canne à bec d'ivoire, l'habit à longs pans et deux énormes chaînes de montre se balançant sur chaque cuisse, se promener gravement au milieu des dandys et des lions du dix-neuvième siècle. Mais l'intérieur de cette maison est très-confortablement établi, et si l'extérieur est vieux, c'est que le maître met de la coquetterie à le conserver.

Les places publiques sont ornées de fontaines, dont

l'une est surmontée d'une licorne, parfaitement exécutée par le statuaire Friedrich, de Strasbourg, qui a également sculpté la statue placée sur une autre fontaine et représentant, sous les traits d'une jeune fille, une Heure; sur l'écusson qu'elle tient de la main droite, on renouvelle tous les matins la date du jour avec des chiffres en cuivre.

La place du marché est ornée d'une colonette aiguë, à quatre faces, correspondant aux quatre points cardinaux; sur chacune de ces faces sont inscrits les noms de villes avec le chiffre de leur distance de Saverne. Il ne faut point oublier que ces distances sont exprimées en milles germaniques, dont une fait deux lieues de France.

Une jolie construction, qui frappe autant par sa position que par le style exceptionnel dans lequel elle est faite, c'est l'habitation de M. Mæstlé. A la première vue on devine que c'est le séjour d'un artiste; ce petit palais féerique est construit sur la *Schantz* et la vue dont on y jouit est magnifique. Le propriétaire y a réuni tous les agréments et toutes les commodités d'une maison de campagne; des vergers, un potager, des vignes, des bâtiments ruraux; tout se donne la main pour en faire une habitation des plus agréables.

L'on sait que partout où séjournaient les légions romaines, elles cherchèrent à établir des voies de communication faciles; c'est ainsi qu'elles construisirent également une route de Saverne à Strasbourg, qui est parfaitement connue à Saverne sous le nom de *Kaiser-strasse*, c'est-à-dire la route de César, et remonte aux

temps de Julien probablement, si elle n'est point anté-
rieure. L'on ignore quelle direction elle prenait pour
franchir les Vosges, mais de Saverne elle se dirigeait
sur Kuttolsheim et venait rejoindre la route de Wasselonne près de la Musau.

Une autre habitude des Romains était de choisir de
préférence pour leurs établissements les endroits qui
présentaient des sources thermales, et sous ce rapport
encore Saverne devait les captiver. Il existe effectivement dans le Bas-Château une source très-abondante
d'eau thermale, et il est à regretter que lorsque la sol-
licitude de la municipalité s'étend sur d'autres points
moins importants, elle ne se soit pas arrêtée sur l'exploration de cette source, sur l'analyse et la vertu de ses
eaux. Et pourquoi n'en serait-il pas ainsi, lorsqu'il est
prouvé qu'anciennement il y avait à Saverne une maison de bains publics ?

Ce fait ressort incontestablement d'une pièce déposée
aux archives de Saverne. Elle est datée du lundi après
Saint-Remy 1381 et porte en substance que Guntha,
femme de Jean Wahssicher, constitue en faveur d'Elsa
d'Altheim une rente de 1 florin sur la maison de bains
de Saverne.

Il est donc bien clair qu'il y avait à cette époque à
Saverne un établissement de bains publics, et l'on ne
s'écarte pas de la vérité en supposant que la source qui
porte encore aujourd'hui le nom de *Badbrunnen* était
alors utilisée dans l'intérêt général de la ville. Le cardinal Louis de Rohan connaissait et appréciait les qualités
de cette eau; aussi, à chaque voyage à Paris, il en em-

portait avec lui, et beaucoup de personnes de la ville s'en servent au printemps et se trouvent très-bien de l'usage qu'elles en font. Avis à qui de droit.

HISTOIRE SUCCINCTE DE SAVERNE.

A la première page de l'histoire d'Alsace se trouve inscrit le nom de Saverne.

Ce n'est guère que sous Jules-César, que notre province sort du brouillard des siècles, pour se montrer et disparaître, tour à tour, selon que la guerre s'y portait ou s'en éloignait.

Nous voyons, après la défaite d'Arioviste par Jules-César, apparaître dans notre province Labienus, son lieutenant, et pousser ses conquêtes tout le long de la rive gauche du Rhin. César, fidèle au système de conquêtes adopté pour l'occupation des Gaules, se livra immédiatement à l'établissement de camps retranchés, choisis dans des positions favorables ; ces emplacements précaires formèrent plus tard le noyau de forteresses ou de villes dont l'importance croissante démontrait, jusqu'à la dernière évidence, avec quelle perspicacité les généraux colonisateurs d'alors savaient distinguer les dispositions favorables du terrain.

C'est aussi à sa position stratégique et au choix qu'en fit Jules-César que Saverne doit son origine. Il paraîtrait cependant que César n'avait point envie de fonder une colonie permanente, car il donna le nom de *Ta-bernæ, Hibernæ*, à ces espèces de camps, ce qui implique tout bonnement l'idée de quartiers d'hiver.

C'est de ces mots latins que nous est venu le nom de *Saverne*.

Plus tard, les attaques incessamment renouvelées des Germains nécessitèrent l'établissement d'un poste fixe à Saverne, pour garder le passage des Vosges ; des fortifications plus régulières furent établies en même temps que les indigènes se rapprochèrent de ces établissements militaires, qui leur servaient de refuge contre les déprédations des ennemis ; c'est de cette manière qu'un poste temporaire a pris de la consistance et qu'une ville s'est formée à l'endroit d'un camp volant.

L'on ferait erreur cependant si l'on voulait croire que les *Tabernæ* de César étaient à l'emplacement qu'occupe la ville actuelle ; tout porte à croire, au contraire, qu'ils se trouvaient sur l'endroit culminant du *Juden-berg*, à l'ouest de Saverne.

Ce qui doit ratifier cette assertion, c'est que les *Ta-bernæ* ont été placés sur un point stratégique, d'où l'on devait, d'un côté, observer la plaine et, d'un autre côté, pouvoir se défendre et défendre en même temps le passage des Vosges. Or, la position actuelle de Saverne ne remplissait aucune de ces conditions. A ces considérations vient encore se joindre la direction de l'ancienne route romaine de Saverne à Strasbourg et dont il a été question plus haut. La *Kaiserstrasse* se dirige vers l'extrémité du faubourg, qu'elle coupe presque à angle droit, et quoiqu'on ne retrouve plus de vestiges au delà du faubourg, il est clair qu'elle montait vers le *Juden-berg*.

Il n'y a aucun doute que tous les généraux romains ont reconnu l'utilité de la station de Saverne, qu'ils l'ont fortifiée et qu'elle est devenue un des établissements militaires les plus importants.

L'itinéraire d'Antonin met *Tabernœ* à dix milles de Strasbourg et à vingt milles de *Decempagi* ou Dieuze.

Ammien Marcellin nous dit que c'était le principal et presque le seul passage de l'Alsace dans la Lorraine et dans la France par les montagnes des Vosges.

Après César, les guerres continuèrent, mais aucun historien ne nous relate quelque chose de particulier sur Saverne, excepté que cette ville, ainsi que *Brocomagus* (Brumath), *Saletio* (Seltz) et autres ont été pris par les Allemans, soit que les garnisons aient été trop faibles, soit que les généraux romains manquaient de talent ou qu'ils s'occupaient plus des intrigues qui se disputaient le trône des Césars, ou bien encore que la translation du siége de l'Empire à Bysance ait eu une influence fatale sur la surveillance des frontières gauloises.

Quoi qu'il en soit de ces différentes causes, les progrès que firent les Allemans dans l'Alsace et dans la Lorraine menaçaient d'envahir la Gaule. L'empereur Constantius, troisième fils de Constantin, s'en émut, et lorsqu'en 355 après Jésus-Christ eut lieu une nouvelle et terrible invasion, il nomma au gouvernement de la Gaule son cousin Julien. L'apparition de ce jeune homme sur le théâtre de la guerre fit changer la face des affaires.

Les Germains avaient choisi l'Alsace pour y établir leur quartier-général, et de là ils rayonnaient dans les montagnes du Jura, jusque dans les plaines de la Bresse, dans la Bourgogne et dans la Lorraine.

Julien quitta ses quartiers d'hiver à Vienne, traversa la Lorraine et arriva par Dieuze et la vallée de la Zorn en Alsace. Son armée courut un grand danger : croyant avoir dérobé sa marche aux Barbares, il s'engagea avec confiance dans les montagnes, lorsque inopinément son arrière-garde fut attaquée par les Germains. Julien fit aussitôt face en arrière avec toute son armée et vint dégager les deux légions compromises; après une courte mêlée, les Germains se débandèrent et Julien continua sa marche, mais cette fois-ci avec plus de précaution.

Il reprit successivement Saverne, Brumath et les autres positions dont les Germains s'étaient emparés, et après avoir purgé le pays de tous les ennemis, il s'occupa de la reconstruction des fortifications et sur-tout de celles de Saverne. Il comprit que pendant la paix et le repos il fallait se préparer à la lutte et à la guerre; bientôt il reconnut l'utilité de ses prévisions.

Le flot des peuples poussés vers l'occident, qui, longtemps déjà, gronda dans la Pannonie et au delà du Pont-Euxin, se rapprocha du Rhin et, au lieu de se briser contre cet obstacle, s'y heurta un instant, puis lança sur les terres d'Alsace un pêle-mêle de peuplades qui occupèrent, pendant des siècles, toute l'attention des Romains et finirent par vaincre leurs légions.

Une nouvelle colonne de ces barbares avait franchi le Rhin et s'était fixée aux environs de Strasbourg, ayant à sa tête Chnodomar et Agénaric ou Serapio. Ces chefs principaux avaient sous leurs ordres cinq rois ou chefs de différentes nations.

Pendant que le général romain activait l'achèvement des fortifications de Saverne, où il se trouvait avec environ 15,000 hommes, Chnodomar lui adressa, par des ambassadeurs, la sommation hautaine de s'éloigner d'une terre qui lui appartenait par droit de conquête. Julien accueillit les ambassadeurs, les entoura d'égards, temporisa jusqu'à l'achèvement des remparts; alors le fier Romain, loin de prendre en considération la som- mation de Chnodomar, lui fit reporter la réponse que lui-même viendrait le chasser, s'il n'évacuait l'Alsace, partie intégrante de la Gaule.

Les deux armées se préparèrent à la bataille. Julien partit de Saverne avec son armée et se dirigea vers Strasbourg. Les armées se rencontrèrent sur la colline d'Oberhausbergen, à une lieue de Strasbourg, et après une lutte sanglante, les Germains furent complétement défaits, et Chnodomar, prisonnier, fut conduit à Rome, où il mourut. Julien, après avoir fait enterrer les morts, retourna avec son armée à Saverne; les dépouilles des vaincus, les prisonniers et généralement tout le butin furent envoyés à Metz, capitale des Médiomatriciens.

L'empereur resta à Saverne pendant environ cinq ans; il employa son séjour à la consolidation de la domination des Romains sur toute la rive gauche du Rhin. Il agrandit les fortifications de Saverne, dont il fit une place de guerre de premier ordre; il prit si bien ses mesures de précaution, il avait en même temps si bien fait sentir aux Germains qu'il était général habile, que ceux-ci n'osèrent point l'inquiéter.

Après la mort de Julien, l'Alsace vit passer successivement sur son sol les Vandales, les Goths, les Suèves, les Huns et autres. Attila, qui se glorifiait lui-même du titre de *fléau de Dieu*, promena sa main de fer jusque dans l'Italie. Pendant quatre siècles, le sang coulait, les dévastations, le feu, le pillage se promenaient dans nos campagnes désolées. Les Romains, tombés dans la funeste époque du Bas-Empire, avaient vu disparaître, sous le flot des Barbares, toutes leurs conquêtes des Gaules.

L'Alsace devint la patrie de nouveaux peuples, qui y introduisirent leurs mœurs et leurs lois. Les différents chefs organisèrent leurs districts, dont ils accolèrent le nom au leur, formant ainsi la première base de cette noblesse territoriale, dont la puissance a si longtemps, tour à tour, soutenu et combattu les chefs de l'Empire; germe puissant qui a fait éclore la féodalité, cette apparition forte et resplendissante du moyen âge, armée de fer, chargée de fer, dure comme le fer et invincible par le fer, et qui a dû abdiquer son empire devant l'intelligence de la pensée : l'invention de la poudre, l'invention de l'imprimerie.

C'est pendant cette période de désolation que le christianisme jeta ses racines en Alsace; sur les blessures faites par l'impitoyable paganisme il appliqua le baume salutaire de l'espérance et de la confiance en Dieu; à la vengeance il opposa l'amour du prochain; à la guerre et à la dévastation il substitua le culte des vertus domestiques; il régénéra le cœur des hommes, endurcis par le spectacle journalier de l'assouvissement de toutes les passions mauvaises; il mit un frein à ces passions, et, par une action lente mais constante, parvint à fonder son empire, en Alsace comme ailleurs.

La chronique de Kœnigshoven mentionne que déjà soixante ans après la naissance de Jésus-Christ, saint Materne et deux de ses disciples seraient venus dans les pays du Rhin, pour y propager le christianisme. L'abbé Grandidier mentionne que vers la fin du cinquième siècle un évêque de Trèves, du nom de Sévérus, vint prêcher l'Évangile en Alsace.

Il paraît certain que la religion chrétienne était pratiquée en Alsace de très-bonne heure, probablement que les Romains l'y avaient introduite et propagée les premiers; car les empereurs romains, tels que Néron, Dioclétien, Maximien, poursuivaient les chrétiens par les tortures les plus atroces, de manière que beaucoup d'entre eux se réfugièrent, loin de Rome, dans les camps.

En ce qui concerne Saverne, je n'ai rien pu découvrir sur l'époque de l'introduction du christianisme; mais, par contre, il paraît que le culte druidique y a été exercé. Dom Calmet, dans son ouvrage sur la Lorraine, prétend qu'on montre à Saverne une inscription consacrée au dieu *Vogesus*, qui y était adoré; mais je n'ai pu me procurer aucune connaissance positive de cette inscription.

J'ai déjà parlé plus haut du tableau votif à Apollon et à Mercure.

Parmi les nations qui avaient passé le Rhin dans l'in-

tervalle de ces quatre siècles, se faisaient surtout remarquer les Francs par leur valeur guerrière; ils firent
la conquête de toute la Gaule romaine. Ils maintinrent
cette conquête, tant contre les Romains que contre les
autres peuples de la Germanie qui venaient après eux.
La victoire de Tolpiac, remportée par Clovis, leur
premier roi chrétien, sur les Allemans, consolida leur
domination. La Gaule fut convertie en monarchie des
Francs et divisée en Austrasie, Neustrie et Bourgogne.
L'Austrasie se subdivisa en plusieurs duchés, dont l'un,
le duché d'Allemagne, comprenait l'Alsace.

Vers le milieu du septième siècle, l'Alsace devint un
duché à part et conserva cette organisation jusque vers
850, époque à laquelle elle fut incorporée à la Lorraine.

Le duché d'Alsace se subdivisa en districts (*Gaue*): le
Sundgau, le *Nordgau*; ce dernier comprenait le *Was-
gau*, dont Saverne était la ville principale. Il paraîtrait
que vers ces temps toutes les fortifications des villes de
l'Alsace ont été détruites lors du passage des peuples
de l'Orient et que les habitants les avaient désertées,
parce qu'elles ne leur offraient plus de sécurité, pour
se réfugier dans Strasbourg, Saverne et Brisach, les
trois seules villes qui avaient conservé leurs murs.

Pour donner une idée de l'importance des fortifications de Saverne, Münster, dans sa chronique, nous
apprend que la ville était entourée d'un mur, surmonté
d'autant de tours qu'il y avait de semaines dans l'année,
et qu'entre deux tours il y avait chaque fois sept créneaux (*Zinnen*), de sorte qu'il y en avait autant que de
jours dans l'année. Cette enceinte ne concernait que la

ville ancienne, car déjà alors elle se subdivisait en ville ancienne, ville du milieu et ville basse. Chacune de ces subdivisions avait ses fortifications particulières, qui cependant étaient reliées entre elles par des ouvrages intermédiaires servant à la défense commune.

La migration des peuples était terminée et Charlemagne avait pacifié l'empire, qui jouissait d'une paix profonde, après la soumission des Saxons. Mais il mourut, et ce que le père avait établi, les fils ambitieux voulaient le détruire; une guerre s'éleva entre eux. Plusieurs tentatives de réconciliation furent faites; c'est à la suite de l'une d'elles qu'une réunion fut arrêtée entre les trois frères, à laquelle se rendit Charles-le-Chauve en 842. Venant de Toul, il s'arrêta à Saverne, y fit reposer ses troupes et repartit le lendemain rejoindre Lothaire et Louis-le-Germanique.

Après que Charles-le-Simple eut perdu sa couronne et que Rodolphe de Bourgogne eut été proclamé roi de France, ce dernier prétendit à la souveraineté de l'Alsace et de la Lorraine. Henri Ier, empereur d'Allemagne, surnommé l'Oiseleur, résista à cette prétention. Il avait mis des troupes dans la forteresse de Saverne et maintenait sous sa domination les environs. Wigerich, évêque de Metz, avait déjà alors, en 923, des possessions assez étendues dans l'Alsace et avait pris parti pour l'empereur d'Allemagne contre le roi de France. Ayant été forcé de se soumettre à ce dernier et craignant les excursions que dès lors les troupes de Saverne pourraient faire sur ses terres, il sollicita du roi de France l'engagement de détruire les fortifications de Saverne.

Rodolphe, voyant qu'il était de son intérêt de s'emparer d'une place forte qui lui barrait l'entrée de l'Alsace, investit Saverne dans la même année 923. Mais la résistance qu'il rencontra le retint pendant quatre mois, et ce n'est qu'après des combats opiniâtres que la garnison et les bourgeois se rendirent. Les habitants furent obligés de fournir des otages à l'évêque de Metz, qui fit également raser les fortifications.

A partir du milieu du dixième siècle, l'histoire ne nous rappelle aucun fait intéressant plus particulièrement la ville de Saverne. Les luttes entre le pouvoir temporel des empereurs et le pouvoir spirituel des papes avaient été terminées au profit de ces derniers. L'autorité des empereurs, avilie dans Henri IV par la punition que le pape Grégoire VII lui avait infligée, reçut encore des échecs par les tendances des nobles et des villes à se rendre de plus en plus indépendants. L'on vit se former les villes considérables qui, quoique se disant villes impériales, y ajoutaient cependant la qualification de *libres*. Ces villes comprirent qu'une bonne organisation intérieure leur était nécessaire pour se maintenir dans la position d'indépendance qu'elles avaient conquise. Cet esprit d'ordre amenait de nouveaux habitants, qui furent en outre attirés par les priviléges que les chefs de l'empire leur faisaient, par la sûreté dont on y jouissait, par le maintien de la tranquillité intérieure et par beaucoup d'autres avantages que le séjour des villages ou la protection des nobles ne pouvaient leur accorder.

Les associations religieuses prirent également un

grand développement, et les donations que leur firent les familles possessionnées les rendirent bientôt riches et influentes.

De cette époque datent également les principales familles nobles de l'Alsace; elles adjoignirent à leur nom celui de leur possession.

Saverne, tantôt appartenant à l'évêque de Metz, tantôt réclamée par l'empereur, devint la propriété complète et définitive de l'évêque de Strasbourg en 1223, quoique l'on ignore à quelle époque les évêques ont commencé à y avoir des droits. C'est dans l'année précitée que Berthold, duc de Teck et évêque de Strasbourg, échangea avec l'empereur Frédéric II ses serfs de Rosheim contre les hommes de Saverne, qui appartenaient à l'empire.

L'esprit turbulent des chevaliers, qui se faisaient la guerre entre eux, la passion des rapines qui en animait le plus grand nombre, la soif de la conquête et de la domination, tout contribuait à faire de la fin du quatorzième siècle et du commencement du quinzième une période d'inquiétudes, de malheurs et de ravages, que venait grossir encore l'apparition de la peste en 1349; des villages entiers disparurent sous ce fléau qu'on appelait *la mort noire (der schwarze Tod)*. Saverne en eut moins à souffrir que les autres localités, ce qu'il faut principalement attribuer à sa position salubre et à l'air vif et frais qu'on y respire; ce fléau se manifesta pendant deux années et disparut ensuite.

La France et l'Angleterre étaient en guerre; après des luttes plus ou moins sanglantes la paix fut conclue entre les deux pays en 1360. Une des stipulations de

cette paix fut que les Anglais restitueraient à la France
toutes les places fortes, tous les châteaux forts qu'ils
avaient occupés pendant la guerre. L'ordre en fut donné
aux garnisons qui les occupaient, ainsi que celui de se
dissoudre ensuite. Mais la majeure partie, tout en éva-
cuant les places, au lieu de se séparer, se réunirent au
contraire en bandes nombreuses, se choisirent des capitaines et firent la guerre pour leur propre compte, à
tout le monde.

Les premières masses se formèrent en Champagne
et en Bourgogne et atteignirent bientôt le chiffre considérable de 15,000 combattants. Ils se mirent en route
vers le sud, descendirent jusqu'à Avignon et commirent,
tant dans cette ville que sur leur route, des cruautés
horribles.

Pour résister à l'invasion de cette soldatesque cruelle,
une ligue se forma en 1362 à Colmar ; l'évêque de Strasbourg, seigneur de Saverne, y entra également pour
toutes ses possessions. Cet orage, qui gronda au loin
encore, se rapprocha cependant peu à peu de l'Alsace
et de Saverne. Si l'on s'en rapporte aux chroniques
messines, ils vinrent en 1365, au nombre de 60,000
hommes, se camper devant Metz, sous la conduite du
capitaine Arnault de Scevola, surnommé l'*Archiprêtre*.
Après avoir rançonné la ville et l'évêque de Metz, ils
tournèrent leurs yeux sur les possessions autrichiennes
de l'Alsace, qu'ils envahirent, en passant sur la côte de
Saverne, le 4 juillet 1365, au nombre de 12,000 cavaliers et de plus du double de fantassins, en tout 40,000
hommes.

Mais ils n'avaient point avec eux de matériel de siége et ne pouvaient s'attaquer aux villes fortifiées ; Saverne, dont les murs et les remparts avaient depuis longtemps été relevés d'une façon très-imposante, n'eut donc rien à craindre de ces bandes, que les habitants, armés et placés sur les murs, purent voir se ruer sur les campagnes environnantes et commettre les ravages qu'ils laissèrent partout sur leur route. Ils se dirigèrent sur Strasbourg, espérant pouvoir la rançonner de même que Metz ; mais les magistrats de Strasbourg firent fermer les portes, après avoir fait entrer en ville des provisions en grand nombre. L'empereur Charles IV se trouvait à Seltz ; après quelque hésitation, il réunit une armée imposante, qui fit jonction avec les troupes de Strasbourg et des autres villes liguées, se mit en campagne, et au bout de quatre semaines, les compagnies franches quittèrent l'Alsace, du côté de Bâle.

Une nouvelle invasion eut lieu par la côte de Saverne en 1375, le vendredi après la Saint-Michel ; l'armée était commandée par Enguerrand, sire de Coucy, qui prétendait à la souveraineté sur plusieurs districts de l'Alsace sous la domination de Léopold, duc d'Autriche ; les troupes, au nombre de 20,000 hommes bien équipés, étaient composées d'Anglais, de Bretons et d'Allemands de tous les pays. Encore cette fois, les bonnes fortifications de Saverne et la contenance ferme des habitants, qui garnissaient les créneaux, empêchaient l'armée de songer à une attaque ; elle se rua sur les villages du Kochersberg et renouvela les massacres et les pillages de 1365.

L'évêque Frédéric II, comte de Blankenheim, s'était joint à la ville de Strasbourg et aux autres villes de l'Alsace, en 1382, pour assiéger le château de Chatillon, près de Gerbévillé, parce que le comte de Varsey, qui en était propriétaire, avait exercé des violences contre différents habitants des villes, avait pillé leurs marchandises et refusait tout dédommagement; le château fut pris et rasé. Le comte de Varsey, pour se venger sur l'évêque de Strasbourg de la part qu'il avait prise dans cette expédition, réunit, en 1384, une petite armée, composée de troupes auxiliaires que lui avaient amenées les barons ses amis, et de quelques compagnies franches. A la tête de cette colonne, il s'approcha de la côte de Saverne, le cœur rempli de haine et de vengeance, et dès que la vaste plaine se déroula à ses pieds, il s'écria : « Sus! sus! mettez le feu! tuez! n'é-« pargnez personne! pas de prisonniers!»

Mais les chevaliers qui l'accompagnaient arrêtèrent leurs soldats et dirent au sire de Varsey: «Nous « vous prêtons notre appui pour une guerre loyale, « mais non pour une guerre de destruction et de pillage, « et puisque vous voulez tuer et incendier, nous ra-« menons nos soldats!» Et ils le quittèrent à l'instant même.

Son armée étant ainsi diminuée de plus de moitié, le comte de Varsey ne se crut plus en force pour entreprendre une guerre réelle; mais se voyant si près des sujets de son ennemi, il ne voulut quitter la contrée sans lui avoir fait tout le mal qu'il pouvait; il lança ses compagnies dans la plaine, et après avoir pillé et brûlé quelques villages aux environs de Saverne, ils rentrèrent par les montagnes dans la Lorraine.

Ainsi qu'on le voit par ces différentes invasions, la position de Saverne forçait ses habitants à être constamment sur leurs gardes, pour ne pas être pris par escalade ou surprise. La garnison qu'y entretenait l'évêque était trop peu nombreuse pour se hasarder en rase campagne, et les habitants suffisaient à peine pour faire le service des remparts qui étaient très-étendus; il leur était donc impossible d'empêcher les pillages et les dévastations qui se commettaient, sous leurs yeux, dans les villages environnants. C'est dans la prévision d'un siége ou d'une guerre que déjà en 1350, le jour de Saint-Procès et de Saint-Martien, l'évêque Berthold, comte de Bucheck, rendit un règlement sur les fortifications de Saverne, par lequel il est défendu d'y percer des fenêtres ou d'autres ouvertures, d'y adosser des constructions, des toits, des gouttières, d'y diriger des égouts, etc.; il institua également quatre inspecteurs pour le maintien de ce règlement.

En 1389, la côte de Saverne fut encore franchie par une armée, sous les ordres du duc Ruprecht l'aîné, comte palatin, accompagné de plusieurs barons de l'Alsace; l'expédition était dirigée contre la ville de Strasbourg et finit par un traité de paix qui devait durer six ans.

Les villes d'Alsace acquéraient de jour en jour plus d'importance politique et pesaient dans la balance des événements par leur association entre elles; leur organisation intérieure se régularisait; la bourgeoisie sentait sa valeur, surtout par les offres d'alliance offensive et défensive que les nobles lui faisaient. Si nous ne voyons point figurer nominativement Saverne dans ces différentes alliances, ce n'est point que cette ville fût restée en arrière de ce mouvement, mais c'est parce que l'évêque de Strasbourg stipulait comme son seigneur et en son nom; la ville, comme les autres possessions de l'évêque, participait des bénéfices et des charges de toutes les alliances qu'il contractait. Dans Saverne, comme dans les autres villes de l'Alsace, le travail intérieur, tendant à l'organisation municipale, à la réglementation des métiers, à l'établissement des juridictions, se poursuivait avec ardeur, et nous en trouvons la preuve dans les nombreux règlements conservés aux archives de la ville et dont je parlerai dans un chapitre séparé.

Cependant la paix conclue en 1389 entre les différentes villes pour six ans ne dura guère que deux ans. La ville de Strasbourg, dont la richesse et la puissance s'étendaient tous les jours, avait beaucoup d'ennemis secrets, qui réussirent à susciter contre elle l'animadversion de l'empereur Wenceslas, qui la mit au ban de l'empire. Plusieurs seigneurs, parmi lesquels figurait aussi l'évêque Frédéric II, se liguèrent secrètement pour faire la guerre à la ville et lui enlever des valeurs et des possessions, que plus tard ils auraient rendues contre la remise des dettes contractées par eux à l'encontre de la ville. Saverne se trouva obligée de concourir à la formation du contingent de 200 lances, que l'évêque devait fournir au corps d'expédition.

Cette guerre dura quelque temps, sans autre résultat que la dévastation de la campagne ; cependant l'armée se tenant à proximité de Strasbourg, les villages aux environs de Saverne n'en eurent pas à souffrir. Le 1er janvier 1393, l'empereur leva l'interdit qui pesait sur Strasbourg, et les hostilités cessèrent. L'évêque n'en retira aucun profit et s'était endetté davantage par la solde considérable qu'il était obligé de payer à ses troupes.

Ces guerres continuelles et désastreuses, surtout pour les cultivateurs, avaient fini par lasser tout le monde ; chacun était disposé à la paix ; aussi l'ordre de cesser toute lutte, arrivant le 13 octobre 1395 de la part de l'empereur, ne trouva aucune résistance. Le landgrave, l'évêque, les villes, les nobles, tous obéirent à l'ordre de former une ligue pour le maintien de la paix publique.

On peut également considérer comme un puissant motif de détermination l'invention de la poudre à canon et la propagation de l'usage des armes à feu ; ces deux moyens de destruction nécessitèrent un changement complet dans la manière de faire la guerre et de forti-fier les villes.

Guillaume II, comte de Dietz, après avoir été nommé évêque de Strasbourg par le pape, résidait très-souvent à Saverne ; la cause en est parce qu'il vivait fort peu en harmonie avec la ville de Strasbourg. Bientôt après sa nomination, ces dissentiments éclatèrent en hostilités ; l'évêque eut alors recours à tous les moyens pour se procurer des troupes et des alliés. Dans ce but il aliéna plusieurs possessions très-importantes de l'évêché ;

entre autres il céda à l'empereur Ruprecht les villes de
Gengenbach, Offenbourg, etc., situées sur la rive droite
du Rhin. Il voulait également céder Saverne au duc de
Lorraine, mais dans ce dernier projet il éprouva une
résistance invincible de la part de Hugelmann de Fénétrange, doyen du chapitre, et du comte Frédéric de
Hohenzollern. Ces différentes aliénations et l'intention
bien arrêtée de sa part d'en faire d'autres, firent craindre
que l'évêque n'appauvrisse complétement son évêché
pour satisfaire ses animosités personnelles; c'est pour
obvier à un pareil résultat que les deux nobles de Fénétrange et de Hohenzollern, d'accord avec le chapitre
et la ville de Strasbourg, résolurent de s'emparer de
sa personne. Lorsque l'évêque quitta Saverne, pour
aller à Molsheim, il fut fait prisonnier et enfermé pendant plus d'un an à Strasbourg.

Après avoir été élargi par suite de la décision rendue
par le concile de Constance, en 1417, il s'en revint à
Saverne, où il résida jusqu'à la fin de ses jours. De
toutes ses intrigues contre la ville de Strasbourg il ne
lui est constamment advenu que du dommage; il ne lui
resta de ses possessions que la ville de Saverne et les
châteaux forts de Hoh-Barr, de Lutzelbourg et de Greifenstein. Son séjour à Saverne est marqué par les exactions qu'il commit pour suffire aux dépenses des guerres
ruineuses qu'il entamait souvent pour satisfaire un
désir de vengeance; c'est ainsi qu'il se laissa entraîner
dans une lutte contre l'évêque de Metz et attira par là
sur Saverne et les environs toutes les calamités de sanglantes représailles.

Le duc de Lorraine, à la tête d'une armée de 6,000 cavaliers et de 10,000 fantassins, franchit la côte de Saverne, le 30 mai 1407, et, comme de coutume, les ennemis ne s'attaquèrent point à la forteresse de Saverne, mais se répandirent dans les villages environnants, qui furent pillés et incendiés; le château de Steinbourg tomba entre leurs mains et devint la proie des flammes. La rage des soldats ne se borna point à la destruction des villages; ils arrachèrent les vignes, coupèrent les arbres fruitiers et dévastèrent la campagne à plus de deux lieues à la ronde. Des environs de Saverne ils se dirigèrent vers le Haut-Rhin, semant partout sur leur chemin la destruction et la désolation. On porte à plus de 1000 le nombre des hommes tués et égorgés.

Une grande somme d'argent, payée au duc de Lorraine, mit fin à cette guerre.

L'évêque Guillaume II mourut en 1439 et fut enterré à l'hôpital de Molsheim. Hertzog, dans sa chronique, dit qu'il mourut subitement et misérablement (*gehlingen und elendiglich*).

C'est dans les années 1418 à 1430 qu'il faut placer l'apparition des Bohémiens dans notre contrée; on les appelait alors *Égyptiens*, puisqu'ils prétendaient être originaires de l'Égypte. Les chroniques rapportent qu'ils étaient au nombre d'environ 14,000, qu'ils se comportaient sagement et n'étaient remarquables que par le type asiatique de leur physionomie, la couleur bronzée de leur teint et le noir jais de leur chevelure. De l'Alsace ils se répandirent dans la Lorraine et se propagèrent, en se divisant, dans tout l'ouest de l'Europe.

Kœnigshoven, dans sa chronique, nous rapporte également qu'au commencement de ce siècle se montrèrent plusieurs maladies sur toute la surface de l'Alsace, entre autres celle qu'on appelait la *danse de saint Vite* et qui ne pouvait se guérir qu'en faisant le pèlerinage à la grotte de ce saint, située derrière le château de Greifenstein.

L'année 1439, tout en soulageant Saverne des impôts toujours croissants que l'évêque lui infligeait, ne fut pas moins une année désastreuse pour les campagnes de l'Alsace et en particulier pour les environs de Saverne.

A l'évêque Guillaume II avait succédé Conrad de Busnang, qui, peu après son élection, transmit sa dignité à Ruprecht, duc de Bavière. Albert II était monté sur le trône impérial l'année précédente ; Charles VII, roi de France, disputait ses provinces aux Anglais, qui menaçaient d'envahir tout le royaume. Pour opposer toute la résistance imaginable aux ennemis, il avait enrôlé des corps francs, qui, s'attribuant eux-mêmes le nom d'*écorcheurs*, étaient devenus un sujet de crainte pour tout le pays ; sans frein et sans discipline, ils extorquaient de l'argent aux amis et aux ennemis.

L'évêque de Metz et d'autres seigneurs appelèrent à leur secours une bande de ces cohortes, pour les aider dans une guerre contre Réné II, comte de Vaudemont. Ces auxiliaires dangereux vinrent en Lorraine, s'emparèrent de beaucoup de villes et de places fortes et commirent des atrocités incroyables. Aussi leur réputation suffit pour que tous les habitants courussent se renfermer dans les places fortes, et lorsqu'on sut à Saverne et dans l'Alsace en général qu'ils allaient rentrer dans l'intérieur de la France, en passant par l'Alsace, la terreur remplit toute la province.

Ce fut le jeudi avant Saint-Matthieu de l'année 1439 que de grand matin ils se ruèrent sur l'Alsace, conduits par Jean de Fénétrange et d'autres chevaliers allemands, que leurs habitudes de pillage engageaient à faire cause commune avec eux. Les écorcheurs sont connus dans l'Alsace sous le nom d'*Armagnacs,* que les habitants allemands ont transformé en celui de *armen Gecken.*

Ils descendirent la côte de Saverne au nombre d'environ 12,000 hommes, en majeure partie très-bien montés et armés. Ils passèrent la première nuit dans les villages autour de Saverne, et, selon leur horrible habitude, ils tuèrent les hommes, firent subir les traitements les plus honteux aux femmes et aux filles et n'eurent pitié de personne. C'est ainsi qu'à Steinbourg ils firent rôtir à petit feu un malheureux paysan, qui ne pouvait leur fournir l'argent qu'ils lui demandaient; lorsqu'il fut couvert de brûlures, ils le frottèrent de sel et lui donnèrent à boire et à manger; au bout de huit jours d'horribles souffrances il mourut. Le seul seigneur qui ait eu le courage de s'opposer à ces barbares était Jacques de Lichtenberg, qui s'était mis à la tête d'une troupe de paysans armés. Il attendit l'ennemi à Steinbourg, mais après une courte lutte les paysans se débandèrent, et le seigneur de Lichtenberg eut beaucoup de peine à se sauver. Après avoir pillé Steinbourg, ils en firent autant à Saint-Jean-des-Choux et aux autres villages environnants.

Il avait suffi d'un seul jour pour ruiner toutes ces campagnes ; aussi, dans la nuit de vendredi, les écorcheurs remontèrent la province et vinrent coucher à Marlenheim, d'où ils se répandirent vers Strasbourg, Brumath, Haguenau, etc., commettant partout les mêmes excès. Après avoir poussé leurs déprédations jusque vers Bâle, ils rentrèrent en Lorraine par Thann, mais revinrent de nouveau, et, d'après la chronique de Hertzog, il y aurait eu une grande bataille près de Lutzelbourg, où plusieurs chevaliers de la Basse-Alsace les avaient attendus et leur tuèrent environ 2000 hommes.

En 1444, il y eut une nouvelle irruption des Armagnacs, que les chroniqueurs distinguent de celle de 1439 par la désignation de *grande guerre des Armagnacs* (*gross Geckenkrieg*). C'était sous la conduite du Dauphin de France, plus tard Louis XI, que ces troupes étaient venues. Les mêmes horreurs furent commises, mais sur une plus grande échelle qu'en 1439.

Le cadre de cet ouvrage ne me permet point de m'étendre sur les particularités de cette guerre, qui eut son principal théâtre dans le Sundgau et depuis cette province jusqu'à Wangen, Westhoffen et Strasbourg. Une seule fois, les troupes du Dauphin, cantonnées à Rosheim, s'étaient avancées du côté de Saverne et avaient incendié la tour de l'église de Dettwiller, dans le courant de mars 1445. Ce trait d'audace provoqua des mesures de sûreté de la part des habitants des environs, qui réunirent un corps de 700 cavaliers près de Saverne, pour être prêts à toute heure à repousser une nouvelle tentative du même genre. Heureusement ces précautions devinrent inutiles; les Armagnacs quittèrent l'Alsace vers le 20 mars 1445, et quelques jours après ils étaient tous rentrés en Lorraine.

Il est facile de comprendre qu'après des malheurs aussi grands, les nobles qui avaient favorisé les Armagnacs ne pouvaient s'attendre qu'à des représailles. Effectivement plusieurs guerres partielles eurent lieu, parmi lesquelles je mentionnerai celle de la ville de Strasbourg, alliée à Benfeld, aux comtes d'Andlau et de Landsberg, contre le baron Jean de Fénétrange. L'évêque Ruprecht y prit part indirectement pour ce dernier, en lui fournissant des troupes pour faire lever le siége du château de Wasselonne, que l'armée strasbourgeoise cherchait à entourer. On évalue à 4000 cavaliers l'armée du sire de Fénétrange. Saverne lui refusa le passage par la ville, quoique l'évêque fût l'allié du chef; et bien lui en prit, car d'autres endroits, qui n'étaient pas si bien sur leurs gardes, furent pillés et brûlés, tels que Dorlisheim, Dachstein et autres. Le 28 juin 1448, le château de Wasselonne se rendit aux Strasbourgeois et fut rasé complétement; on employait à cette œuvre de destruction 600 hommes par jour.

Une autre guerre surgit en 1450 entre les seigneurs de Linange et ceux de Lichtenberg; après plusieurs rencontres, où de part et d'autre il y eut des morts et des blessés, après avoir pillé et incendié quelques villages, cette guerre fut terminée par l'influence de l'évêque Ruprecht, et les clauses en furent signées le 2 mars 1452 à Saverne.

L'empereur Frédéric III, qui était venu visiter l'Alsace en 1473, séjourna quelques jours à Saverne, lorsqu'il quitta Colmar, pour aller à Metz.

Dans les guerres des Suisses contre Charles-le-Téméraire, duc de Bourgogne, les villes de l'Alsace, ainsi que l'évêque de Strasbourg, avaient pris une part active, et Saverne était également représentée dans les contingents que fournissait l'évêque. Ils rentrèrent dans leurs foyers en janvier 1477, après la prise de Nancy et la mort du duc de Bourgogne.

Sous le règne de Frédéric III, le tribunal de la Sainte-Vehme se propagea également de plus en plus en Alsace. Quoique cette institution n'ait eu, dans les premiers temps, qu'un caractère de justice répressive, elle dégénéra bientôt; ses membres, abusant de la terreur que le nom inspirait, se permirent des spoliations et des actes tellement arbitraires, qu'ils provoquèrent des résistances désespérées et firent que, sur la plainte de plusieurs habitants de l'Alsace, l'empereur Frédéric proscrivit le tribunal siégeant en Westphalie ou sur la *terre rouge*, comme ils appelaient eux-mêmes cette province, centre de toutes leurs opérations.

Lorsqu'en 1448, l'évêque Ruprecht, duc de Bavière, prit possession de son évêché, la ville de Strasbourg entra de suite en pourparlers avec lui, pour éviter les guerres et les dissensions ruineuses qui, depuis si longtemps, avaient désolé le pays. Heureusement que le caractère du nouvel évêque lui fit également désirer la bonne amitié de la ville. Pour témoigner leur satisfaction de cette entente, les habitants de Strasbourg et leurs magistrats firent une réception magnifique à leur nouvel évêque; les chroniques du temps vont jusqu'à donner les détails des trois services de table qui eurent lieu à cette occasion.

Pendant les trente-huit ans que cet évêque occupait le siége, il faisait souvent de longs séjours à Saverne; il administra paternellement les dépendances de l'évêché et chercha à réparer autant que possible, par la plus scrupuleuse parcimonie, les pertes nombreuses auxquelles ses prédécesseurs, et surtout Guillaume II, avaient exposé l'évêché. Il mourut le 17 octobre 1478, à Saverne, et fut enterré dans l'église paroissiale.

Son successeur, Albert, comte palatin du Rhin, duc de Bavière, était animé du même esprit de paix et de concorde; il s'appliqua à dégager les seigneuries, châteaux et dépendances que Guillaume de Dietz avait engagés, fit fondre des canons et mettre dans un état respectable de défense toutes les places fortes de l'évêché; il ajouta aux fortifications de Saverne plusieurs ouvrages extérieurs, que l'usage du canon rendait nécessaires.

C'est par le besoin de la tranquillité et de la paix qui se fit sentir, que se terminèrent, à la fin du quinzième siècle, ces luttes barbares qui, pendant si longtemps, avaient décimé les habitants de l'Alsace; les arts et les sciences trouvèrent des maîtres et des élèves; l'imprimerie prit un développement toujours plus grand et initia les peuples à bien des secrets, à bien des sciences

et des arts, qui jusque-là leur étaient restés in-
connus.

Saverne n'a cependant fourni que peu de personnes
dont les noms se soient fait remarquer sous ce rapport;
c'est pourquoi il ne faut point oublier les deux artistes
que la ville a produits. Erhard Han, de Saverne, cons-
truisit en 1440 la première machine pour faire monter
le sel des salines de Reichenhall; il était l'inventeur de
la première de ces machines qui, longtemps après lui,
servaient encore à l'exploitation de ces mines. Un certain Jacob, de Saverne, passe pour avoir été un bon
musicien et compositeur; il publia une méthode de
chant et parcourut les villes de l'Alsace et du Bas-Rhin,
en donnant des leçons de musique. Un autre compositeur existait à Saverne, François Wyler, frère mineur,
qui fournit la mélodie d'un cantique fait par Sixte IV,
en l'honneur de la Visitation de la Vierge.

Guillaume III, comte de Honstein, succéda à Albert
en 1506. Il annonça aux magistrats de Strasbourg que
vers la fin de septembre 1507 il se proposait de faire
son entrée dans Strasbourg. Ceux-ci lui envoyèrent, le
5 septembre, quatre membres du conseil à sa résidence
de Saverne, pour lui déclarer que la ville de Strasbourg
était prête à le recevoir, pourvu que, se soumettant à
la coutume, il voulût promettre, verbalement et par
écrit, de respecter les priviléges de la ville et de chercher plutôt à les augmenter qu'à les diminuer. En
conséquence, les chevaliers Otton Sturm et Weyrich
Bœcklin, accompagnés des deux ammeisters, André
Drachenfels et Conrad de Duntzenheim, se présentèrent

à Saverne et reçurent la promesse de l'évêque, qui fit son entrée le 4 octobre 1507.

C'est sous Guillaume III que la Réformation commença à s'étendre dans l'Alsace. La nouvelle doctrine servit de prétexte à bien des désordres; c'est ainsi qu'elle fournit l'occasion à la fameuse *guerre des paysans*. Jean Berner, prédicateur à Hellfranzkirch, dans le Sundgau, en fut le premier promoteur, en expliquant d'une manière erronée la liberté religieuse et chrétienne; les paysans lui firent bon accueil et se réunirent autour de lui en très-grand nombre. Ils donnaient pendant longtemps pour motif de leurs rassemblements la conquête de la liberté religieuse, mais, par leurs actes, ils prouvaient que leur but était le pillage des nobles et des couvents et le renversement de toute autorité.

A l'exemple des rassemblements dans l'Alsace supérieure, il s'en forma d'autres à Beblenheim, Mittelweyer, Riquewihr, Dambach, Epfig, Truttenhausen, Ittenwiller, et bientôt ces masses séparées se réunirent en une armée de plus de 40,000 hommes. Ils s'emparèrent de Dambach, d'Epfig et de beaucoup d'autres endroits, dont les habitants étaient obligés de les rejoindre dans la proportion d'un sur trois. Leur chef était Wolf Wagner, de Rhinau; mais, se nourrissant de pillage, ils rôdaient d'un point de la province à l'autre, ayant tantôt un chef, tantôt en prenant un autre.

Érasme Gerber avait quitté le grand noyau et s'était dirigé avec sa troupe sur Marmoutier, qu'il occupait depuis le 28 avril 1525. Il fut suivi par plusieurs autres bandes, qui se dirigèrent sur Saverne.

Ils formulaient leurs prétentions de la manière suivante :

1º Un prêtre qui prêche l'Évangile dans sa véritable acception ;

2º Plus de dîmes ;

3º Plus de redevances ; 20 florins ne doivent porter qu'un florin d'intérêts ;

4º-6º La forêt, les rivières, la chasse et le bois doivent être à la disposition de tout le monde ;

7º Abolition de la servitude ;

8º Les princes et seigneurs seront éligibles ;

9º Maintien des juridictions et du droit ;

10º Le paysan aura le droit de nomination des fonctionnaires ;

11º Point de droit de succession à payer aux églises ;

12º Restitution des communaux.

L'on voit par la nomenclature de ces prétentions, qu'elles étaient bien éloignées d'un but religieux.

A l'origine de ces troubles, les magistrats de Strasbourg s'étaient adressés à l'évêque, qui habitait Saverne, pour aviser aux moyens de conjurer l'orage ; plusieurs nobles s'y trouvèrent également ; mais il fut reconnu que l'on ne devrait faire aucune résistance ouverte, mais recourir plutôt à la persuasion. La révolte continua et prit de jour en jour plus d'extension.

Plusieurs des bandes des environs de Molsheim se rapprochèrent de Saverne ; cette ville, malgré les ordres de l'évêque, qui avait fait demander du secours à Antoine de Lorraine, ouvrit ses portes, le 13 mai 1525, sur une simple sommation des révoltés, auxquels s'étaient jointes plusieurs troupes de Neuwiller, de Craufthal et autres villages. Cependant la révolte se propagea également en Lorraine, ce qui disposa son duc Antoine à accueillir favorablement la demande de la ville de Strasbourg et du landgrave d'Alsace, pour intervenir dans la lutte. Les comtes de Bitche, de Salm et de Linange étaient également venus auprès du duc, pour solliciter sa coopération à la pacification, leurs propres sujets s'étant joints aux révoltés.

Antoine de Lorraine réunit donc une petite armée, à la tête de laquelle il entra dans Dieuze, le 11 mai, et fut rejoint par Claude de Guise et Louis de Vaudemont, qui lui amenèrent du renfort. A cette nouvelle, les paysans d'Alsace qui avaient déjà pénétré en Lorraine, se retirèrent à Diemeringen, pendant que le duc entra dans Sarrebourg, le 13 mai. De là, il envoya un émissaire à Saverne, pour demander la permission de jeter dans la place 400 cavaliers lorrains; mais la ville était déjà entre les mains des paysans. L'émissaire, qui était Jean Murner, bailli de Marmoutier, lui rapporta que l'évêque et le chapitre voulaient lui envoyer 3000 cavaliers, ainsi que de l'infanterie. En même temps, la ville de Strasbourg, ainsi que les nobles des environs, lui promirent secours et assistance.

Toutes ces circonstances déterminèrent le duc de Lorraine à se porter en Alsace par la côte de Saverne, entreprise qui n'était pas sans péril: c'était la première fois qu'une armée tentait ce passage avec des canons et tout l'attirail de pièces de siége. Aujourd'hui même, où les batteries de montagnes sont arrivées à un perfec-

tionnement étonnant, l'ancienne route de la côte pré-
senterait peut-être encore des difficultés et nécessite-
rait des précautions ; il devait donc à plus forte raison
s'en présenter de bien plus grandes au transport de
ces lourdes machines de guerre, en présence d'un
ennemi habitué à combattre en tirailleurs, et dans un
endroit qui se prêtait merveilleusement à une embus-
cade. Pour ne pas s'exposer à voir inquiéter sa marche,
le duc Antoine fit partir un détachement de 300 cavaliers, commandés par le comte de Salm, avec ordre de
reconnaître et d'éclairer la route et de se rendre dans
Saverne. Ces cavaliers exécutèrent leur mission, mais
ne purent se maintenir dans la ville. Plusieurs chefs et
capitaines furent envoyés, le 14 mai, sur différents
points occupés par les paysans, dans les environs de
Saverne, tant pour les inquiéter et les harceler par des
combats d'avant-postes, que pour chercher à s'assurer
de leur nombre ; les renseignements obtenus portèrent
le chiffre des révoltés à 30,000 hommes, y compris
ceux qui s'étaient jetés dans Saverne. Ces derniers s'é-
taient emparés du château épiscopal et de l'artillerie
qui le garnissait, et se proposaient une résistance à
toute outrance ; les 300 cavaliers du comte de Salm,
qui avaient été renforcés, le même jour, par de l'infanterie, se retirèrent au château du Haut-Barr, dont
les portes leur furent ouvertes.

Ces dispositions prises, le duc de Lorraine fit partir
son avant-garde de Sarrebourg, le 15 mai, de très-
bonne heure ; elle prit position au sommet de la côte de
Saverne et au Kœpfel. Les paysans, s'étant aperçus de

ce mouvement, sortirent de la ville et se mirent en ligne
de bataille, pour présenter le combat; l'on allait en
venir aux mains, et la garnison du Haut-Barr se pré-
parait à une sortie, pour prendre les paysans à revers,
lorsqu'une terreur panique s'empara de ceux-ci, par
suite d'une attaque imprévue de la cavalerie albanaise
et de l'escadron Beaulieu; ils quittèrent leurs rangs et
se précipitèrent pêle-mêle dans la ville. Alors s'exécuta
le passage de la côte par l'artillerie, et rien ne l'inquiéta
de la part des paysans. La garnison du Haut-Barr, composée des 300 cavaliers allemands, sous les ordres du
comte de Salm, surveillait les alentours de la ville, pour
empêcher qu'on ne portât secours aux paysans y renfermés; la cavalerie albanaise et les Stradiotes avaient
la même mission. Dans l'après-midi, le duc de Lorraine
quitta le château d'Einarzhausen [1] avec le gros du corps
d'expédition et arriva devant Saverne après deux heures
de marche. Il fit reposer ses troupes près de Saint-
Jean-des-Choux. Pendant son approche, les comtes de
Guise et de Vaudemont, qui commandaient l'avant-
garde, avaient donné ordre de reconnaître les fortifications de Saverne et le côté faible des murs, pour
diriger l'attaque sur ce point. Le capitaine des arquebusiers du duc de Guise fut chargé de cette exploration,
mais n'obéissant qu'à son intrépidité, il négligea les
précautions et fut tué.

Le duc fit placer son artillerie près de Zornhoffen et
fit ouvrir immédiatement le feu contre le château épis-

[1] Aujourd'hui Phalsbourg.

copal; les assiégés ripostèrent vigoureusement, et, par leur feu bien nourri et bien dirigé, forcèrent le duc à quitter son poste et à prendre position dans une forêt entre Steinbourg et Saint-Jean, à 600 pas de la ville. Il paraîtrait, d'après cette distance, que le duc s'est retiré sur la petite hauteur du côté de Monswiller et formant le prolongement du canton goldenen Bock; il gagna deux avantages à cette manœuvre : il se rapprocha de la ville et évita le feu du château, tandis que lui pouvait encore tirer sur les fortifications. Les pièces de rempart étaient alors des masses inertes, qui restaient constamment dans la même direction; on ne pouvait ni les tourner, ni les élever, ni les abaisser; l'on conçoit, d'après cela, que la manœuvre du duc le mettait à l'abri des boulets de canon.

L'armée fut répandue dans les villages environnants; le duc se logea au château de Steinbourg, où se trouva également le cardinal, qui avait quitté Saverne. L'on voyait encore dans le village les débris de toute espèce, provenant des violences exercées par les paysans. La cavalerie et l'infanterie étaient réparties de façon à cerner toute la ville et empêcher qu'aucun secours n'entrât.

Un hérault, accompagné d'un trompette, que le duc avait envoyé dans la ville, fut reçu à coups de feu et dut s'en retourner sans réponse.

Dans la matinée du 16 mai, les cavaliers envoyés en reconnaissance ramenèrent quantité de paysans, parmi lesquels s'en trouvaient qui, la veille, avaient attaqué et blessé un capitaine italien. Sur la demande expresse

du bailli de Saverne, qui s'était joint à l'armée du duc,
ces paysans furent décapités en vue de la ville. Ce bailli,
qui s'appelait Wolf Krantz, rendit de très-grands services au duc, par la connaissance des lieux où l'armée
opérait.

Il était de l'intérêt du duc de pousser le siége vigoureusement, car sur beaucoup de points se formaient
des réunions de masses de paysans, dans le but évident
de marcher au secours de ceux renfermés dans Saverne;
plusieurs de ces réunions furent dispersées, mais se
reformèrent immédiatement sur un autre point. C'est
ainsi qu'à Rittembourg il s'en était formé une bande de
6000, dans le but ci-dessus indiqué, mais ils se retirèrent à l'approche des troupes envoyées pour les combattre. Ces apparitions incessantes se renouvelèrent sur
tous les points et fatiguèrent extrêmement les soldats.

Un autre rassemblement eut lieu au village de Lupstein, situé sur une éminence, que les paysans avaient
fortifié tant bien que mal, mais toujours assez pour
pouvoir opposer une résistance énergique aux assaillants. Vers deux heures de l'après-midi, les paysans,
bien armés, se mirent en route en bon ordre, emmenant avec eux une certaine quantité de chariots, char-
gés de vivres et de munitions, pour débloquer Saverne.

Le duc, qui avait été prévenu de ce mouvement par
les Albanais et les Stradiotes, détacha de son armée un
corps de cavalerie et quatre compagnies de lansquenets
de la Gueldre, quelques compagnies d'Albanais et d'Italiens et quelques pièces de campagne; le commandement de l'expédition fut confié aux comtes de Guise et

de Vaudemont. Les paysans, en voyant apparaître les troupes, se rangèrent de façon à avoir le village derrière eux, sur leur gauche une forêt, et devant eux, en guise de retranchement, les chariots et les bagages. Cette manière de se couvrir démontrait qu'ils avaient des chefs intelligents et connaissant le métier de la guerre. Mais ils avaient en face d'eux des troupes réglées, aguerries et bien commandées. Après une résistance de peu de durée, ils ne purent tenir contre le feu meurtrier des arquebusiers ; ils se replièrent et rejoignirent ceux qui étaient restés à Lupstein.

Les Lorrains suivirent, mais eurent bien de la peine à pénétrer dans le village barricadé et entouré de haies ; leur tâche était d'autant plus difficile qu'ils avaient fort peu d'infanterie avec eux. Pour vaincre l'hésitation qui commençait à se faire remarquer parmi les assaillants, le comte de Vaudemont franchit le fossé et la haie ; suivi alors de tous les Lorrains, il refoula les paysans et, pendant ce temps, les obstacles furent enlevés et toute l'armée fit son entrée dans Lupstein. Les paysans se retirèrent, toujours en combattant, dans le cimetière entouré d'un mur, et ne voulurent entendre parler d'aucune soumission.

Outrés de cette résistance, les Lorrains mirent le feu aux quatre coins du village. Le cimetière ayant été pris, les paysans se retirèrent dans l'église, d'où ils ne furent délogés que par le feu qui gagna également cet édifice. Lorsque les flammes les entourèrent, ils crièrent « merci et pardon » ; mais il était impossible de les sauver, lors même que l'on en aurait eu envie ; l'intensité de la chaleur était trop forte pour permettre encore de s'approcher. Quelques-uns sautèrent par les croisées et trouvèrent dans la chute la mort qu'ils voulaient éviter dans les flammes. Tout ce qui avait échappé à l'incendie fut mis à mort, même ceux qui n'avaient point pris part à la lutte; la fureur des vainqueurs s'assouvit sur les femmes et les filles. Ces monstruosités n'avaient pas seulement pour excuse les représailles, car les Lorrains n'avaient perdu que dix hommes, tandis que le nombre des paysans tués se montait à 6000; ce chiffre ne paraîtra pas exagéré, si l'on en croit le chroniqueur, qui dit que l'eau qui tombait ledit jour, se mêla au sang des victimes et vint rougir les flots de la Zorn.

Effectivement, le même jour et pendant le combat de Lupstein, un orage épouvantable éclata sur Saverne; la foudre tomba en plusieurs endroits, elle tua quelques sentinelles placées à la porte dite l'*Oberthor*.

La défaite de Lupstein intimida les révoltés, et leur chef, Érasme Gerber, fit faire au duc la proposition d'évacuer la ville, s'il consentait à les laisser partir avec armes et bagages; il s'engageait en outre, dans ce cas, à réparer le dommage causé aux couvents, aux églises et aux nobles. Le duc refusa et insista qu'ils se rendissent à discrétion, leur laissant deux heures pour prendre une décision. Gerber était d'avis de continuer la résistance; d'autres combattirent cette mesure; de là naquirent des discussions orageuses qui dégénérèrent en lutte. Ces dissensions se communiquèrent aux habitants de la ville; là aussi deux partis se trouvèrent en présence : ceux qui avaient fait ouvrir les portes aux paysans et ceux qui s'y étaient opposés. Ces derniers, sentant que l'ordre allait renaître, reprochèrent aux autres tout le mal irréparable d'une guerre et d'une ville assiégée, occupée par des troupes ennemies. Il y eut, dans les rixes qui s'ensuivirent, plusieurs morts et beaucoup de blessés ; lorsque la décision des paysans, de quitter la ville, fut connue, ceux des habitants qui avaient conseillé leur admission, se sauvèrent la nuit par-dessus les murailles, craignant d'être poursuivis en raison de leur coopération.

Pour obtenir du duc de l'indulgence, les paysans s'étaient soumis au serment qu'il leur avait imposé et avaient juré de rentrer complétement dans le giron de l'Église catholique romaine. D'après la convention, ils devaient quitter Saverne le lendemain 17 mai, sans armes, et se réunir sur le *Martelberg* (le lieu d'exécution et de supplice), à un quart de lieue de la ville, pour y entendre la sentence du duc. La sortie se fit et le comte de Salm prit possession de la ville, à la tête de sa cavalerie allemande.

Pendant le trajet des portes de la ville au Martelberg, les paysans étaient escortés par les lansquenets de Gueldre, qui s'étaient formés en haie des deux côtés, au nombre d'environ 1800, bien armés. Plusieurs circonstances fortuites se réunirent pour provoquer une scène des plus sanglantes que l'histoire nous ait conservées.

On avait saisi un paysan, porteur de dépêches que Gerber adressait aux chefs de paysans des deux rives du Rhin, leur annonçant qu'après leur sortie de Saverne ils se réuniraient à eux, que, dans cette prévision, ils devaient leur réserver des armes et des munitions, pour qu'ils pussent prendre leur revanche contre les Lorrains; il se plaisait, dans cette lettre, à retracer les tortures qu'il ferait endurer aux chefs de l'armée.

La découverte de cette duplicité et de cette mauvaise foi devait nécessairement faire une impression défavorable sur l'esprit du duc. Pour augmenter cette défaveur, les paysans, qui venaient de prêter le serment de retourner à l'Église catholique, se mirent à crier à plusieurs reprises : «Vive Luther!» Les lansquenets, qui les maintenaient en colonne, se moquèrent d'eux d'un autre côté, de sorte qu'une sourde rumeur se propagea, comme précurseur de la catastrophe, lorsque retentit tout à coup en allemand le cri : «Tapez dessus, cela nous est permis!» Alors commença une boucherie affreuse : les paysans, sans armes, entourés des lansquenets, tombèrent par centaines; les autres firent demi-tour, pour courir reprendre les armes déposées dans Saverne; poursuivis dans leur fuite, beaucoup perdirent la vie; la route était jonchée de cadavres. Les paysans et les lansquenets entrèrent pêle-mêle en ville, malgré la résistance des cavaliers du comte de Salm, et là, dans les rues, dans les maisons, partout la fureur du soldat sema la mort, n'épargnant ni le paysan, ni l'habitant de Saverne, de sorte qu'en peu d'heures, dans les rues et dans les maisons, s'entassèrent des monceaux de cadavres et de mourants. Pendant ces massacres dans la ville, les Stradiotes et les Albanais poursuivaient dans la campagne ceux qui avaient cherché leur salut dans cette direction. Le chef Érasme Gerber s'était retiré, avec un certain nombre des siens, dans le château épiscopal, pour s'y défendre à toute extrémité; il dut cependant se rendre et fut fait prisonnier. Déjà, les lansquenets, ivres de sang et de boissons, parlaient de mettre le feu à la ville, après l'avoir préalablement mise au pillage, lorsqu'arrivèrent le duc et les autres princes, pour mettre un terme à ces barbaries.

La ville fut évacuée par les lansquenets et remise entre les mains du comte de Salm. Le duc et les princes retournèrent au camp dressé sur le Kreutzfeld, dans une petite forêt, qui couronnait cette éminence. Il se fit amener Érasme Gerber, qui fut attaché à un vieux saule, la corde au cou. Le duc lui reprocha sa conduite astucieuse, en lui montrant la lettre interceptée; convaincu de ne pouvoir échapper à son sort, il paya d'audace et déroula tout le plan qu'il avait conçu; il consistait à se rendre maître de toutes les petites villes, de beaucoup de châteaux forts et de couvents, de se proclamer indépendants et de fonder une secte nouvelle, régie d'après les principes les plus libéraux. Il confessa également la ferme intention qu'il avait eue de leur nuire autant qu'il aurait pu, et que, si Saverne avait tenu encore quelques jours, il y aurait eu un rassemblement de 60,000 à 80,000 paysans, qui tous auraient appuyé ses plans.

Gerber et un autre chef, dont le nom n'a pas été conservé, furent étranglés, puis pendus à un saule. Son ancien barbier se fit son exécuteur pour avoir la vie sauve. L'on procéda ensuite à l'inhumation des morts, qui se trouvèrent portés au chiffre énorme de 18,109, depuis le Martelberg, la route et dans l'intérieur de la ville; on en compta plus de 3,000 en sus, tués dans les champs.

Après avoir fait disparaître tous ces cadavres, le duc visita la ville et fut saisi de pitié à la vue des horribles désastres qui l'avaient accablée. Les femmes et les enfants profitèrent de sa présence pour réclamer la mise en liberté des habitants retenus prisonniers, comme soupçonnés d'avoir participé à la révolte. Ils déclarèrent en outre au duc que des séditieux avaient amassé dans plusieurs maisons des matières incendiaires et n'attendaient que le départ des troupes lorraines pour y mettre le feu. Le duc donna les ordres nécessaires et fit même remettre des vivres pour les différentes maisons qui en manquaient. Pour empêcher l'incendie et pour déloger les paysans encore cachés, ordre fut donné au sire de Richartmesnil, capitaine de la garde ducale, de faire les recherches les plus minutieuses dans la ville, mesure qui produisit la découverte de plus de 500 paysans cachés; ils furent tous rachetés ou cautionnés par les nobles des environs.

Le 18 mai, à onze heures du matin, les troupes lorraines levèrent le camp et se mirent en route vers le Haut-Rhin, par Marmoutier. Plusieurs combats eurent encore lieu sur leur route, et toujours à leur avantage. Une victoire décisive fut remportée sur les paysans à Scherwiller, où il y en eut près de 12,000 de tués. Après

cette bataille, le duc rentra en Lorraine par le val de
Villé. Les graves échecs que leur avait fait éprouver le
duc de Lorraine découragèrent les paysans; en même
temps, les villes et le landgrave prirent des mesures
énergiques contre eux, de sorte qu'en 1526 tout était
rentré dans l'ordre.

Saverne et les villages environnants avaient bien de
la peine à se remettre des malheurs qui les avaient
frappés; cependant, au bout de dix à douze ans, les
plaies étaient cicatrisées; les campagnes avaient repris
leur aspect de tranquille bonheur, les maisons étaient
reconstruites, et la ville s'adonnait de nouveau au
commerce et au travail.

La Réformation continua à se propager en Alsace;
mais Saverne refusa la nouvelle doctrine. Les paysans
qui disaient la professer leur en avaient donné une
idée trop peu attrayante; la présence de l'évêque et des
prêtres, qui s'étaient retirés à Saverne, depuis que
Strasbourg et ses habitants avaient embrassé la Réformation, rendait également l'introduction du protestan-
tisme une chose très-difficile, sinon impossible. L'on
peut donc s'expliquer pourquoi, pendant une période
de trente années, Saverne est restée tout tranquille,
pendant que les autres villes de l'Alsace avaient pris
part dans la lutte religieuse et s'étaient fait recevoir
dans la ligue de Schmalkalden, qu'avaient formée plusieurs princes protestants contre l'empereur Charles-
Quint, et qui finit par la malheureuse bataille de Mühl-
berg, en 1547.

L'empereur retint captifs les deux chefs de la ligue,

ce qui détermina l'électeur Maurice de Saxe à en former
une nouvelle contre l'empereur, dans laquelle entra le
roi de France Henri II. Ce dernier réunit une armée de
45,000 hommes et se dirigea par Pont-à-Mousson sur
Sarrebourg, où il séjourna pendant deux jours, passa
par Mittelbronn, Einartzhausen (Phalsbourg) et la côte
de Saverne, pour entrer en Alsace le 2 mai 1552; l'artillerie et les munitions suivirent la même route le lendemain. Le roi et la cour se logèrent dans le château
de l'évêque, à Saverne, jusqu'au 6 mai, jour auquel
l'armée se mit en route sur Brumath, Haguenau et
Wissembourg. Il séjourna quelque temps dans cette
dernière ville, où il apprit que l'électeur Maurice et
l'empereur Charles-Quint s'étaient arrangés. Henri II
retourna ensuite en France.

A partir de 1525, les évêques résidèrent sans inter-
ruption à Saverne. En 1541, Érasme de Limburg fut élu
évêque de Strasbourg, après la mort de Guillaume III,
et vint également fixer sa résidence à Saverne. En 1548,
il réunit dans cette ville tous les prêtres de son évêché,
dans l'intention de prendre des mesures contre la propagation des doctrines luthériennes; à la suite de cette
réunion, l'évêque envoya des ambassadeurs à Strasbourg, aux magistrats, pour leur enjoindre de relever
les autels, de lui restituer le droit d'installer les prêtres
dans les différentes églises de Strasbourg, et de réin-
tégrer les ornements qu'on en avait fait disparaître.
Après de longs pourparlers, le magistrat de Strasbourg,
en 1549, concéda à l'évêque trois églises, pour pouvoir
y continuer l'enseignement et la pratique de la religion

catholique : c'étaient la Cathédrale, Saint-Pierre-le-Vieux et Saint-Pierre-le-Jeune ; de sorte que le 1er février 1550, c'est-à-dire vingt et un ans après qu'on avait aboli la messe à Strasbourg, elle y fut de nouveau introduite.

Malgré cela, l'évêque maintint sa résidence à Saverne, où il mourut le 27 novembre 1568. Le siége épiscopal passa à Jean, comte de Manderscheid, seigneur de Blankenheim, qui fut élu à ces fonctions le 26 janvier 1569.

Les troubles religieux, qui avaient pris naissance en Allemagne et dont le contre-coup se faisait sentir en Alsace par les fréquents passages de troupes, imposèrent de grandes charges aux campagnes et aux villes. C'est ainsi qu'apparut à Saverne, le 20 janvier 1569, le prince Guillaume d'Orange. Il avait embrassé la religion protestante et avait lutté avec persévérance contre le duc d'Albe ; mais ne pouvant venir à bout de son adversaire et craignant une défaite plus complète, il se dirigea vers la France, à la tête de 7000 cavaliers et vingt compagnies de fantassins, dans l'intention de rejoindre les Huguenots. Ses troupes se logèrent à Saverne et dans les villages environnants. L'évêque Jean, ayant appris leur présence, ne voulut pas venir résider à Saverne, mais alla séjourner à Ettenheim. Le duc d'Aumale se tenait également dans les environs avec ses troupes, qui donnaient souvent l'exemple de l'incendie et du pillage ; ils incendièrent successivement les villages de Dossenheim, Ernolsheim, Steinbourg et Wilgottheim.

L'évêque Jean refusa de prêter le serment de respecter les priviléges de la ville de Strasbourg, et, après avoir séjourné quelque temps à Ettenheim, sur la rive droite du Rhin, il fit un voyage à Rome. De retour d'un autre voyage, il ramena plusieurs pères jésuites, en 1571, auxquels il assigna comme lieu de séjour le couvent des Récollets de Saverne. Il avait pour but d'établir et de fonder dans cette ville une école catholique, qui devait fonctionner en rivale du gymnase protestant de Strasbourg; mais il paraît que les Récollets ne s'accommodaient point de la présence des Jésuites dans leur couvent, car, environ neuf ans après, l'évêque fonda le collége des Jésuites à Molsheim et y envoya les RR. PP. qui étaient restés à Saverne. Il séjourna de préférence à Saverne, depuis qu'il était revenu de son voyage, et fit rétablir les fortifications du Haut-Barr, ainsi que nous le verrons plus loin. Après de longues discussions avec la ville de Strasbourg, les difficultés qui en avaient fait le fond furent aplanies, et l'évêque prêta le serment que la ville réclamait.

Je crois devoir rappeler sommairement que les années 1562 à 1565 étaient très-malheureuses pour l'Alsace : 1562 était une année de disette, ainsi que la suivante, à la fin de laquelle régna une épidémie qui décima la population; en 1564 une autre maladie fit de nombreuses victimes et ne cessa que par l'arrivée d'un froid tellement rigoureux, que le Rhin se trouva pris et que l'on passait dessus avec les plus grosses voitures; les vignes et les arbres furent gelés. La neige tomba en telle abondance en février 1565, que les communications à la campagne furent interrompues; le dégel arriva et l'inondation qui s'ensuivit fit encore de grands ravages. L'été fut très-aride, la nourriture insuffisante et mauvaise ; de là encore des maladies et des épidémies.

De 1570 à 1576, la disette, la grêle, l'inondation et tous les malheurs imaginables accablèrent de nouveau notre province et celles avoisinantes ; de graves désordres eurent lieu, et, sans la fermeté des magistrats des villes, on ne peut prévoir quelle eût été l'issue d'une lutte entre les hommes tourmentés par la faim et les riches cultivateurs et seigneurs, qui retenaient leurs grains pour en faire hausser le prix.

Les guerres de religion avaient cessé depuis 1556 ; mais les nouvelles idées religieuses continuaient à faire des prosélytes jusque dans le sein même des chanoines du chapitre de la Cathédrale. Les chanoines catholiques s'emparèrent alors (1584) du trésor de l'église et des vases sacrés et se retirèrent à Offenbourg et à Saverne. Il est probable que la circonstance que ces objets ont été tenus cachés à Saverne a donné lieu à la tradition que j'ai mentionnée plus haut, relativement à un souterrain dans lequel des trésors auraient été conservés ; d'autant plus qu'en 1587 une nouvelle irruption d'un corps de cavalerie allemande, qui avait passé le Rhin à Mayence, inspira une telle frayeur aux habitants, que tout le monde se sauva dans les villes, que même l'évêque ne se crut pas en sûreté dans Saverne et se retira dans le château du Haut-Barr. Le roi de France prit occasion de cette présence de troupes allemandes, pour envoyer le duc de Bouillon à leur rencontre pour les chasser ; il entra en Alsace par La Petite-Pierre et Neu-

willer, s'empara à Steinbourg d'une grande provision
de blé et se dirigea sur les communes du Kochersberg.

L'évêque chercha à garantir Saverne autant qu'il était
en son pouvoir ; il avait adjoint à la garnison ordinaire
500 arquebusiers et fit entrer encore 200 cavaliers
armés de lances (*Speerreiter*). Il est impossible de décrire quelles exactions ces troupes se permirent ; l'on
peut s'en faire une idée, en pensant que dans l'espace
de trois mois ils ont incendié ou détruit plus de 300
bourgs et villages. Les démarches les plus pressantes
furent faites auprès de l'ambassadeur de Henri de Navarre, pour les éloigner, et enfin, vers le milieu du
mois de septembre, ils repassèrent la côte de Saverne
et rentrèrent en France. Le prétexte du séjour de ces
troupes en Alsace était le secours qu'elles devaient
apporter aux réformés de l'intérieur de la France.

Nous touchons à l'époque où les ducs de Guise avaient
formé la ligue contre les réformés. Henri de Navarre
était depuis longtemps en relation avec la ville de Strasbourg, qui lui prêta de l'argent et permit l'enrôlement
de soldats pour son compte. Les enrôlés se concen-
trèrent près de Rhinau. Pour empêcher leur jonction
avec l'armée de Henri IV, le duc de Lorraine, à la tête
de 8000 hommes, descendit la côte de Saverne, les sur-
prit le 19 novembre 1589 et les anéantit. La conduite
de la ville de Strasbourg devait nécessairement indis-
poser l'évêque, qui entra dans une ligue avec le duc de
Lorraine, laquelle provoqua de la part de Strasbourg
une alliance offensive et défensive avec les chanoines
protestants, à laquelle accédèrent également quelques

autres villes de l'Alsace, de sorte qu'à partir de cette époque l'ancienne inimitié recommença entre l'évêché et la ville.

La mort inattendue de l'évêque Jean, qui succomba à une apoplexie, le 2 mai 1592, à Saverne, fit éclater le désaccord du chapitre en hostilités ouvertes. Les chanoines catholiques résidant à Saverne s'adressèrent à l'empereur Rodolphe II, pour qu'il s'occupât activement des intérêts de l'évêché, ce qu'il promit. Les chanoines protestants de Strasbourg invitèrent ceux de Saverne à concourir avec eux à l'exaltation d'un nouvel évêque, mais, sur leur refus, ils procédèrent seuls à l'élection et proclamèrent évêque Jean Georges, margrave de Brandebourg, le 30 mai 1592. Le nouvel évêque, soutenu par Strasbourg, s'empara de plusieurs places fortes de l'évêché, telles que le château du Kochersberg, Dachstein, Geispolsheim, Erstein.

Les chanoines de Saverne procédèrent de leur côté, le 10 juin, à l'élection d'un évêque et conférèrent cette dignité au duc Charles, cardinal de Lorraine. Celui-ci vint à Saverne et, de là, fit sommation à la ville de Strasbourg d'abandonner à son profit les lieux occupés au nom de l'anti-évêque; en même temps ses troupes descendirent la côte et, conduits par le duc de Lorraine, elles occupèrent Saverne et s'emparèrent de toutes les valeurs qui se trouvaient dans le château épiscopal, pour les transporter en Lorraine. Le lendemain, le duc conduisit ses soldats dans la plaine, dévasta les villages, pilla les maisons et chercha à faire autant de tort que possible. Tantôt les Lorrains se montraient sous les

murs de Strasbourg, tantôt les soldats de Brandebourg
rôdaient jusque vers Saverne, et, dans toutes ces courses,
les pauvres campagnards souffraient et étaient tour
à tour victimes des amis et des ennemis. Le commerce en souffrait également, ainsi que le prouve le
fait suivant :

Dans le château de Herrenstein se tenait une garnison de Strasbourgeois, forte d'environ 70 hommes; elle
était destinée à surveiller les mouvements de la plaine,
à en prévenir le général en chef des troupes de Brandebourg, Chrétien, duc d'Anhalt, à faire des reconnais-
sances et pousser des expéditions aussi loin qu'elle le
jugeait convenable. Dans une de ces courses, un de
leurs détachements rencontra des marchands italiens
de Florence, se dirigeant sur Saverne, conduisant des
marchandises précieuses et des étoffes d'or et d'argent;
les soldats du Herrenstein attaquèrent l'escorte, s'emparèrent des marchandises et emmenèrent les marchands prisonniers.

C'est ainsi que, pendant huit à neuf mois, une guerre
désastreuse se maintint en Alsace; elle aurait continué
encore plus longtemps, si les parties belligérantes ne
s'étaient pas senti épuisées. Le 27 février 1593, la paix
fut conclue à Sarrebourg, mais n'étant que le résultat
de l'impuissance matérielle, la haine et l'animosité des
deux partis subsistaient et promettaient d'éclater en
nouveaux combats à la première occasion. Sentant
cette position difficile, la ville de Strasbourg, à laquelle
la guerre avait coûté en argent 800,000 florins, s'adressa
à Henri IV, pour avoir son appui, qu'il promit, le

22 novembre 1595, se fondant sur la parole donnée
par les deux parties belligérantes au sire de Sancy,
ambassadeur du roi de France :

« Nous avons dict et déclaré, disons et déclarons par
« ces présentes signées de nostre main, que nous voul-
« lons et entendons estre garand et caution de la pa-
« rolle de l'une et de l'autre partie. En conséquence de
« quoy nous promectons, en foy et parolle de Roy, de
« prendre les armes et assister celuy qui premier aura
« esté aggressé hostillement par l'autre, etc. »

Cette déclaration de la part du roi de France eut
pour résultat de faire poser les armes aux deux partis
ennemis et de remettre la résolution définitive de leurs
difficultés à la décision des commissaires nommés par
l'empereur d'Allemagne. Malgré toutes les peines que
se donnèrent les six princes, savoir : l'électeur de
Mayence, l'archiduc Ferdinand d'Autriche, l'évêque de
Wurzbourg, l'électeur palatin, le landgrave de Hesse,
l'administrateur de l'électorat de Saxe, réunis à Spire
pour juger le différend, l'entêtement et l'animosité des
partis ne leur permirent pas de finir. Dix années s'é-
taient passées en pourparlers ; de nouveaux troubles
éclatèrent en 1603, et sans l'intervention de l'empereur
d'Allemagne et du roi de France, une nouvelle guerre
d'extermination se serait propagée. Par leur entremise
il y eut d'abord un armistice de treize mois, et le 22 novembre 1604 un traité fut conclu à Haguenau, par lequel
le margrave Georges de Brandebourg renonça à toute
prétention sur l'évêché et ses dépendances, transmit
tout ce qu'il en détenait au duc de Wurtemberg, en

dépôt, et obtint par contre 130,000 florins une fois payés et une pension annuelle de 9,000 florins; les huit chanoines protestants eurent, pendant quinze ans, la jouissance du *Bruderhoff* et ses revenus, avec défense de s'adjoindre de nouveaux chanoines; le cardinal respectera les droits de la ville, prêta le serment habituel et lui concéda quelques revenus, à titre d'indemnité de guerre.

En 1607, Charles, cardinal de Lorraine, céda son évêché à l'archiduc Léopold d'Autriche, qui fut proclamé administrateur de l'évêché, parce qu'il n'avait pas reçu les ordres. Son prédécesseur mourut dans la même année.

En 1610, on remarqua sur le territoire de l'évêché, à Saverne, à Molsheim et dans d'autres localités, des réunions de troupes nouvellement enrôlées. Cette circonstance fit passer le Rhin à plusieurs princes protestants qui avaient des possessions dans la Basse-Alsace, . qu'ils voulaient garantir contre les déprédations que se permettaient ces troupes. Le duc de Deux-Ponts, les comtes de Salm et autres se mirent à la tête de quelques compagnies de cavalerie et d'infanterie, et, suivis d'une artillerie assez imposante, ils mirent le siége devant Molsheim, qui fut pris; la garnison se retira à Saverne, où elle fut très-mal reçue, parce que les habitants lui reprochèrent d'avoir capitulé et d'avoir rendu la place de guerre la plus importante de l'évêché, après Saverne.

A partir de cette époque, la guerre se borna à des escarmouches et à des coups de main plus ou moins heureux, exécutés par les deux partis. C'est ainsi que

le comte Ernest de Mansfeld, qui commandait à Saverne, dans l'intérêt de l'archiduc, s'empara par surprise du village de Beinheim sur le Rhin, pilla les
maisons et ramena les principaux habitants à Saverne,
d'où ils ne furent relâchés qu'après avoir payé une
forte rançon. Par contre, la cavalerie des princes rem-
porta une petite victoire sur un corps de troupes épiscopales, qui furent battus à peu de distance de Saverne.
Une circonstance imprévue détermina une convention :
le comte Ernest de Mansfeld, commandant de la forteresse, passa avec 800 hommes dans le camp des princes ;
dès lors, les troupes épiscopales étaient privées d'un
chef expérimenté et d'une partie de la garnison de
Saverne, qui désormais était exposée à être emportée
par un coup de main. Faisant de nécessité vertu, le
doyen des chanoines, François de Kirchingen, qui était
l'âme de toute cette guerre, proposa une entrevue, qui
eut effectivement lieu à Wildstætt ; à la suite de la convention qui y fut signée, les troupes des princes se
retirèrent de l'Alsace ; mais celles de l'évêché, qui devaient également être licenciées, restèrent concentrées
aux environs de Sélestat. Le doyen de Kirchingen, qui
portait toujours rancune à Strasbourg, renforça toutes
les garnisons des villes de l'évêché, de manière à avoir
constamment sous la main assez de soldats pour pouvoir exécuter ses plans ambitieux. L'une des idées qu'il
caressait le plus, était de se rendre maître de Strasbourg et d'y ressaisir l'autorité que les évêques et le
clergé exerçaient anciennement. Il avait ourdi un plan
à cet effet, que la vigilance des habitants fit échouer :

il avait fait sonder l'Ill en amont de la ville, avait fait construire à Saverne des ponts de bateaux, des échelles et tout l'attirail d'instruments d'assaut alors en usage. Ces préparatifs n'avaient pas pu se faire sans que la ville de Strasbourg en fût avertie, et les précautions qu'elle prit immédiatement firent comprendre au doyen qu'une attaque aurait un mauvais résultat pour lui. Enfin, l'évêque, arrivant à Saverne, fit cesser tout ce qui devait conduire à une mésintelligence, soit avec Strasbourg, soit avec d'autres seigneurs, et la tranquillité fut rétablie.

Cependant les dissensions religieuses qui se manifestèrent en Allemagne et en Alsace, prirent un caractère plus tranché ; aux animosités des deux partis se joignirent les calculs de la politique, et le feu longtemps contenu éclata et produisit cette désastreuse lutte religieuse, connue sous le nom de *guerre de trente ans*. Trente années de misère, de désolation, de crimes, de rapine et de destruction, pour savoir s'il faut adorer Dieu en allemand ou en latin !

L'Alsace avait aussi sa part dans cette guerre ; ses campagnes si fertiles, ses riants coteaux furent souvent l'arène et les témoins de cette lutte impie, dans laquelle la créature voulait régler le mode d'adorer le créateur, oubliant le fond, qui est d'origine divine, pour ne s'attacher qu'à la forme, qui est de l'invention des hommes.

Le comte Ernest de Mansfeld, le même qui avait déjà été commandant de Saverne, vint en Alsace, s'empara de Wissembourg et de Haguenau ; il établit son quartier-général dans cette dernière ville. Le 22 décembre 1621, il se présenta devant Saverne, qui avait répondu à sa sommation par un refus très-formel ; il avait amené de Haguenau des batteries de siége et ouvrit immédiatement le feu contre la ville. Le comte Herrmann Adolphe de Solms, qui commandait la place, s'était depuis long-temps préparé à la lutte ; il avait fait réparer les murs et réunir sur les tours les arquebusiers ; les hauteurs près de l'église Sainte-Marguerite avaient été fortifiées et garnies de canons ; aussi fut-il vivement répondu au feu des assiégeants, qui cependant étaient déjà parvenus à s'emparer du faubourg, d'où ils furent délogés par un effort de la bourgeoisie et de la garnison, après une perte de près de 300 hommes. En même temps, les soldats stationnés dans les forts firent une sortie et amenèrent des prisonniers, parmi lesquels se trouvait un officier, qu'ils pendirent à une poutre dressée sur le bastion.

La défense de la place, comme on voit, était faite avec vigueur ; aussi l'armée de Mansfeld subit des pertes très-considérables ; d'un autre côté, son artillerie était mal servie, de sorte que les canons firent beaucoup plus de bruit que de mal. Pendant sept jours et sept nuits consécutifs, les boulets étaient lancés contre les remparts ; toujours les coups étaient répondus par la ville ; enfin les boulets manquèrent aux assiégeants, et la saison devenant de jour en jour plus rigoureuse, Mansfeld se retira, après avoir annoncé aux habitants de Saverne qu'ils eussent à préparer une somme de 100,000 florins, s'ils ne voulaient pas s'exposer à voir piller et incendier leur ville. Il lui fut répondu que les

habitants préféraient acheter de la poudre et du plomb
pour ladite somme, afin qu'à son retour ils puissent le
recevoir dignement. En effet, ils s'adressèrent au duc
de Lorraine, qui leur envoya 2000 arquebusiers et leur
fournit également des munitions pour soutenir un long
siége; en même temps, on fit entrer en ville autant de
bétail que l'on put, l'on ramassa des provisions de toute
espèce, et, pour ne pas être empêché par les liens d'af-
fection et de famille, les habitants renvoyèrent leurs
femmes, leurs enfants et les impotents en Lorraine,
sous la protection du duc, et mirent eux-mêmes le feu
au faubourg, qui n'était pas assez fortifié pour être défendu et qui pouvait fournir un abri aux ennemis.

Mansfeld, qui avait reconnu avec quelle résolution
la défense était poussée, ne jugea pas à propos de revenir; il quitta même la province, pour porter la guerre
dans le Palatinat, laissant toutefois une forte garnison
dans la ville de Haguenau.

Léopold, évêque de Strasbourg, avait commencé à
rassembler une armée dans le Haut-Rhin, dans l'intention de l'opposer à Mansfeld; il descendit le pays et mit
le siége devant Haguenau. A cette nouvelle, Mansfeld
accourut des environs de Frankenthal, défit l'armée
devant Haguenau, dont le siége fut levé, et continua
ensuite ses déprédations dans l'Alsace. Il s'empara successivement des forteresses de Molsheim, Mutzig,
Obernai, Dachstein, Rosheim, etc., et vint enfin, le
11 juillet 1622, placer de nouveau le siége devant Saverne. Le comte de Solms avait fait construire, sur .
l'emplacement du faubourg, une forte et grande redoute,

que Mansfeld attaqua pendant deux jours, sans pouvoir s'en rendre maître. La garnison du Haut-Barr fit des sorties très-inquiétantes pour l'armée de siége, contre laquelle on avait organisé une guerre de partisans; jour et nuit elle fut inquiétée; plus de 800 morts dans deux jours attestaient à Mansfeld que la résolution de la ville était toujours aussi forte. Heureusement elle ne fut point mise à une rude épreuve cette fois-ci, car déjà le troisième jour le siége finit par suite du licenciement de l'armée de l'électeur palatin, qui avait mis ses troupes sous le commandement de Mansfeld. Quelque temps après, l'armée entière de l'électeur et de Mansfeld avait quitté l'Alsace.

Malgré ce départ, les guerres intestines continuaient entre les villes et villages protestants et catholiques. Strasbourg surtout était regardé comme le foyer de l'hérésie; pour ne pas succomber sous les machinations de ses ennemis, cette ville dut rechercher des alliances et des appuis. Depuis longtemps, le roi de France Louis XIII lui avait offert son amitié, et, comme il était également l'allié des Suédois, ces derniers étaient animés des meilleurs sentiments vis-à-vis de la ville.

La marche des événements de la guerre les conduisit en Alsace, en 1632, où leur premier acte fut le siége de Benfeld, qui, après une rude résistance et malgré deux tentatives de débloquement, faites par les garnisons de Sélestat et de Saverne, fut obligé de se rendre. Le corps formé dans cette dernière ville était composé de 2000 fantassins, 600 cavaliers et 4000 paysans.

Après la capitulation de Benfeld, le général Horn

s'empara de Sélestat, ainsi que d'autres forteresses, et
son dessein était également de se rabattre sur Saverne;
mais le duc de Lorraine, pour qui l'occupation de cette
ville était d'une grande importance, y mit une forte
garnison qui tint les Suédois éloignés, d'autant plus
que leurs principales opérations étaient dirigées contre
les possessions autrichiennes du Haut-Rhin.

Le duc de Lorraine amena de sa province un corps
de troupes qu'il adjoignit aux 8 à 9000 hommes réunis
autour de Saverne, pour mettre le siége devant Pfaffenhoffen, occupé par les Suédois. A cette nouvelle, le
général Horn détacha de son armée, qui assiégeait
Haguenau, un corps considérable; une bataille fut livrée
entre Ringendorf et Pfaffenhoffen, et les Lorrains, complétement battus, se retirèrent en grand désordre vers
Saverne et repassèrent la côte le lendemain.

Les Autrichiens, d'accord avec les sujets de l'évêque,
voulaient à toute force expulser les différentes garnisons
de Suédois qui tenaient les forteresses de l'Alsace. Le
gouverneur de Saverne, comte de Salm, agissant d'a-
près le plan conçu, se présenta, en décembre 1633,
devant Bouxwiller, mais fut repoussé par un corps de
cavalerie commandé par un colonel suédois; il se ren-
ferma alors dans la forteresse et fit des sorties continuelles, qui étaient principalement dirigées sur les dépendances de la ville de Strasbourg; Marlenheim, entre
autres, subit de sa part un pillage de deux heures.

Cependant, sur la nouvelle des progrès des Suédois,
le comte de Salm ne se crut plus en sûreté à Saverne.
Il quitta la ville, à la tête d'environ 2000 hommes, pour

se réunir à un corps de troupes qu'il attendait de la Bourgogne ; mais ayant été attaqué près de Westhoffen, il se replia sur Saverne, poursuivi par les Suédois, auxquels s'étaient joints 200 arquebusiers de Strasbourg, et rencontra, entre Marmoutier et Saverne, le corps du rhingrave Otton, qui l'attaqua aussitôt. Complétement battu, il perdit ses canons, ses équipages, et se réfugia dans le château du Haut-Barr.

Convaincu qu'il ne pouvait tenir la campagne, le comte de Salm implora la protection de Louis XIII. Le maréchal de La Force, qui, depuis longtemps, attendait cette circonstance, reçut ordre d'occuper Saverne, Haut-Barr, Marmoutier et Haguenau ; il y plaça garnison française, mais n'entra dans Saverne qu'après avoir tiré sur la ville pendant quelques heures, puisqu'elle refusa l'occupation, se fondant sur ce qu'après le départ du comte de Salm, elle s'était déclarée neutre dans la lutte. La présence des troupes françaises ramena la tranquillité dans les endroits par elles occupées et devint le prélude à la réunion de l'Alsace à la France.

Saverne resta tranquille spectatrice des troubles qui agitèrent le reste de l'Alsace ; mais, vers la fin de l'année 1635, la défaite qu'éprouvèrent le duc de Weimar et le cardinal de La Valette, par le général impérial Gallas, força les premiers à se replier sur Saverne, occupée par une garnison française, et par là ils attirèrent l'attention de l'ennemi sur notre ville. Gallas, poursuivant son avantage, força l'armée du duc de Weimar à quitter les environs de Saverne, dont la garnison, abandonnée à elle-même et sans espoir de secours prochain, ouvrit les portes aux Autrichiens ; Haut-Barr fut également occupé par eux. Cette reddition eut lieu à la fin de septembre 1635.

Le général autrichien établit son quartier-général à Saverne, qui reçut une garnison de 3000 cavaliers polonais ; les Croates et les Hongrois occupaient les environs. Bientôt cependant, les chances de la guerre le forcèrent à quitter sa position ; le cardinal La Valette avait repris l'offensive ; huit régiments impériaux, battus par lui près de Sélestat, se replièrent sur Saverne et vinrent grossir la garnison qu'y avait laissée Gallas en se retirant.

De nouvelles défaites, essuyées par les Impériaux, amenèrent inopinément un nouveau siége devant Saverne. Le 10 juin 1636, le duc Bernard de Saxe-Weimar descendit la côte, à la tête de 2500 fantassins et 500 cavaliers. Le commandant de la place, qui était le colonel Georges-Frédéric de Müllheim, lui opposa une vive résistance ; cependant, dès le premier jour, deux bastions extérieurs furent pris et les soldats qui les défendaient passés au fil de l'épée : c'étaient le bastion qui entourait l'église de Sainte-Marguerite (aujourd'hui encore appelé la *Schantz*) et le bastion construit dans le Holderloch. Le duc se borna à bloquer la ville très-étroitement, en attendant l'arrivée de l'artillerie de siége, que devait lui envoyer le cardinal La Valette. Le troisième jour commença le feu, et le duc s'empara de la basse ville, qui fut incendiée par la garnison et les habitants, à leur retraite dans la ville moyenne et la haute ville. Ces deux enceintes furent vaillamment défendues jusqu'au 25 juin, où elles offrirent de capituler, offre que le duc refusa. Une tentative que fit Gallas, pour venir au secours de Saverne, fut repoussée.

A mesure que les avantages des Suédois et des Français diminuèrent, augmenta la force de résistance de la malheureuse ville.

Le 4 juillet, les ennemis s'emparèrent du passage de la Mühlbach; ils rapprochèrent les pièces de siége et battirent en brèche pendant quatre jours. Le 9 juillet, le duc de Weimar livra l'assaut au travers d'une large brèche, mais les assiégés se défendirent avec le courage du désespoir et parvinrent à repousser les ennemis. Une nouvelle proposition de capitulation ayant été faite par le colonel de Müllheim, le duc l'agréa, et le 14 juillet, après plus d'un mois de siége et vingt-huit jours de tranchées ouvertes, la ville se rendit; la garnison put se retirer avec les honneurs de la guerre et la ville fut obligée de payer une somme de 38,000 florins; Haut-Barr fut également occupé par les vainqueurs.

La nouvelle garnison était composée de Français, qui s'occupèrent, conjointement avec les habitants, à réparer les fortifications; la guerre avait quitté les environs, mais, quoique grondant au loin, il était de l'intérêt de tous de relever des murs qui prêtaient un abri sûr contre les attaques si répétées des troupes de partisans. Saverne n'avait pas à se plaindre de la présence de cette garnison, qui était maintenue dans les bornes de la plus sévère discipline; déjà alors la politique de la cour de Versailles prépara le filet qui devait lui amener la conquête de l'Alsace; il fallait donc faire aimer la domination française, et certes il y avait une énorme différence entre la discipline et la conduite des troupes françaises et ces hordes de mercenaires barbares, qui formaient l'armée autrichienne.

Plus de trois ans s'étaient écoulés depuis l'occupation de Saverne par les Français, lorsqu'enfin la France démasqua ses projets sur l'Alsace par la nouvelle conduite que tinrent les gouverneurs des villes confiées à la garde et protection de Louis XIII.

A Saverne, l'intendant Beslebat força les habitants, le 28 janvier 1640, à prêter serment de fidélité au roi de France; les conseillers épiscopaux, pour ne pas compromettre les droits de l'évêque, ne le prêtèrent que pour le temps de leur résidence dans la ville. La cour de Versailles fit, aussitôt après cette cérémonie, des achats considérables de grains, pour approvisionner ses nouvelles possessions; Saverne eut pour deux années de vivres; les fortifications furent réparées avec soin, et toutes les mesures prises pour garantir à la couronne de France la conquête obtenue.

Le 21 octobre 1643, Saverne fut honorée par la présence du duc d'Enghien, qui, après sa victoire de Rocroy, amena un secours de 5 à 6000 hommes au maréchal de Guebriant. Sa réception fut magnifique, on lui fit les cadeaux d'usage, et, le 23, il passa en revue les troupes. Le lendemain, il rentra en France.

Environ dix-huit mois plus tard, le 10 mars 1645, Turenne passa également à Saverne avec des renforts pour l'armée française, qui devait opérer de l'autre côté du Rhin. Lorsque cette expédition eut pris une tournure malheureuse pour Turenne, le duc d'Enghien conduisit un nouveau corps de secours jusqu'à Saverne, où il séjourna encore quelques jours; son infanterie était campée à Dettwiller. Le 27 juin de la même année, il quitta Saverne, à la tête de 9000 hommes, pour rejoindre l'armée de Turenne.

Après la bataille de Nœrdlingen, qui eut lieu le 4 août 1645, d'Enghien revint à Saverne, le 28 septembre; il y fut remplacé par Turenne, en avril 1646; ce dernier avait reçu l'ordre de quitter l'Alsace avec son armée, pour se rapprocher du théâtre de la guerre de Flandre. Vers la fin de l'année, il revint à Saverne, pour prendre de nouveau le commandement de l'armée d'opération sur les deux rives du Rhin.

Enfin arriva la bienheureuse année de 1648, où fut conclue, à Munster et à Osnabrück, la paix devenue si nécessaire pour tous les partis. La garnison française de Saverne quitta cette ville, par suite du traité de paix, le 7 octobre 1650, ainsi que le château de Haut-Barr, après que l'on eut partiellement démoli les fortifications. La clause du traité de Munster, relative à Saverne, porte que la ville sera rendue à l'évêque de Strasbourg, à condition que les fortifications seraient rasées, que les bourgeois garderaient une exacte neutralité et permettraient en tout temps le passage des troupes du roi de France.

Ici doit se placer une remarque essentielle, pour combattre une erreur historique assez généralement accueillie et qui a même reçu une consécration publique l'année dernière : je veux parler de la réunion de l'Alsace à la France. Le traité de Westphalie n'a point donné à la France la province d'Alsace en entier; la maison d'Autriche et l'empire n'abandonnèrent à la France que ce qu'ils possédaient eux-mêmes, savoir: le droit de propriété et de juridiction dans Brisach et son territoire, dans le landgraviat de la haute et de la basse Alsace et dans le bailliage des dix villes impériales de l'Alsace. Par contre, la France s'obligea à respecter la position d'États libres de l'empire, des évêques de Strasbourg et de Bâle, des abbés de Murbach et de Lure, de l'abbesse d'Andlau, de l'abbaye de Munster, dans la vallée de Saint-Grégoire, des comtes palatins de La Petite-Pierre, des comtes et seigneurs de Hanau, Fleckenstein, Oberstein, de tous les chevaliers de la basse Alsace et des dix villes libres soumises au grand bailliage.

La France était donc loin de posséder l'Alsace; mais l'on peut marquer le traité de Westphalie comme point de départ pour l'introduction de l'autorité française dans l'Alsace. L'on voit en effet, à partir de cette époque, la France s'emparer des moindres prétextes pour intervenir officieusement dans les affaires du pays, se rendant nécessaire d'un côté, flattant les intérêts de l'autre, tenter par-ci, par-là, un coup d'autorité, enfin, user de tous les moyens qu'emploie le machiavélisme des rois, lorsqu'ils veulent avoir bon marché de la liberté d'un peuple.

En 1672, les progrès qu'avaient faits les armes françaises dans la Hollande commencèrent à inquiéter sérieusement l'empire, qui forma un corps auxiliaire; cette démonstration eut pour suite le passage du Rhin

par une armée française, sous les ordres de Turenne;
mais la véritable guerre ne commença qu'en 1674.

Les opérations des armées se rapprochèrent alors de
la basse Alsace. Turenne ramena de Lorraine des renforts, mit 300 hommes dans les faubourgs de Saverne
et somma la garnison épiscopale de se retirer, ce qu'elle
fit immédiatement, et le 14 avril 1675, les portes de
Saverne étaient de nouveau gardées par les soldats
français. La garnison fut portée à 1000 hommes et la
ville approvisionnée pour un an; les remparts se gar-
nirent de canons et les fortifications furent remises en
état. Les bourgeois étaient astreints au travail des fortifications et secondés par 2000 hommes de troupe. Ces
préparatifs ne parurent pas rassurants pour les habitants, dont un grand nombre s'éloigna dans l'intérieur
de la France, pour laisser passer l'orage. Turenne avait
également fait relever les forts détachés, c'est-à-dire
celui de Sainte-Marguerite (la *Schantz*) et celui du Holderloch.

Le 13 août 1675, Montécuculi mit le siége devant
Saverne. Quelques jours auparavant, le commandant
de la ville avait fait incendier les faubourgs; les canons
grondaient de nouveau pendant vingt-quatre heures
contre les remparts, d'où répondait vigoureusement le
feu de la garnison; lorsqu'inopinément le général autrichien reçut un ordre qui lui fit lever le siége; il descendit le pays jusqu'à Wissembourg. Cette alerte avait
fait voir à la garnison et aux habitants qu'ils pouvaient
compter sur la solidité de la place, mais qu'il fallait recourir à toute l'énergie dont ils pouvaient être capables.

Le prince de Condé, tout en opérant dans la haute Alsace, ne perdit point de vue l'importance que présentait la position de Saverne. Il ordonna la réparation des fortifications et en augmenta la garnison, qui reçut encore de nouveaux renforts après un voyage que fit le prince à Paris; de manière que Haguenau, Saverne et Sélestat étaient dans les meilleures conditions de défense. L'hiver de 1675 se passa dans ces préparatifs, lorsqu'au commencement de 1676 le duc Charles de Lorraine prit le commandement de l'armée impériale, tandis que l'armée française fut mise sous les ordres du maréchal de Luxembourg.

Les nouveaux généraux en chef agissaient d'après de nouveaux plans; après quelques combats sans importance, entre autres celui qui eut lieu à Gugenheim, le 4 juin 1676, le maréchal se replia sur Saverne, y ramassa de grandes provisions et attendit de nouveaux renforts, son armée étant de beaucoup inférieure en nombre à celle de son adversaire. Il fut forcé de quitter sa position vers le milieu du mois et porta son quartier-général à Hochfelden, qu'il fit entourer à la hâte de bastions et de remparts en terre.

Le duc Charles de Lorraine recevant constamment des renforts, il devint impossible au maréchal de Luxembourg de livrer une bataille décisive; son rôle se borna à des marches et à des contremarches, qui ne faisaient que fatiguer ses troupes, sans le moindre résultat avantageux pour l'armée. Aussi le maréchal fit-il des réclamations incessantes auprès du ministre Louvois, en lui annonçant que, faute de secours, il lui

serait impossible de se maintenir en Alsace. Alors ce
ministre, pour ne point laisser s'établir de nouveau la
domination allemande, et rendre impossible le séjour
de leur armée, prescrivit la destruction de toutes les
fortifications des petites villes de l'Alsace. C'est devant
cette volonté immuable d'un ministre despote que tombèrent, en avril 1677, les murs de Saverne, pour ne
plus jamais se relever dans leur ancienne splendeur;
ces murs qui, depuis des siècles, avaient protégé les
habitants contre les barbares, devaient s'affaisser à la
voix d'un homme qui aurait dû les garantir de toute
atteinte. Ce fut une clameur générale dans la ville,
quand les soldats commencèrent leur œuvre de destruction; les pics et les marteaux s'émoussèrent contre
le mortier séculaire qui réunissait les pierres de taille;
il fallait recourir à la mine pour disjoindre des maté-
riaux si solidement unis pour la protection de l'ancienne
cité, et, comble de malheur! les habitants eux-mêmes
étaient obligés de coopérer au travail. L'on vit tomber,
pièce par pièce, la magnifique porte dite *Oberthor*, la
plus belle et la plus ancienne de toutes celles qui entouraient la ville; la porte de Greifenstein eut le même
sort, ainsi que les autres tours, depuis le coin que
forme aujourd'hui le tribunal jusqu'à la porte de Greifenstein, sur toute la longueur du mur qui s'étendait
derrière les maisons Keller, Schœn et Kolb. Les fossés
qui séparaient la ville haute de la ville du milieu furent
comblés et les ponts-levis abattus; les fortifications de
la Schantz furent également rasées; la porte près du
moulin Hertrich sauta au moyen de la mine; le bastion

qui défendait le Mühlbach fut nivelé ; de sorte qu'à peine il restait le vieux mur d'enceinte, ébréché et croulant, les Français n'ayant pas eu le temps d'achever leur œuvre de destruction. La chancellerie épiscopale avait été transférée à Strasbourg, pour ne pas rester exposée dans une ville non fortifiée.

Le maréchal Créqui s'avança alors par la Lorraine, chassant devant lui les Impériaux, franchit la côte de Saverne et séjourna dans cette dernière ville.

Enfin, la paix de Nimègue, conclue le 5 février 1679, mit fin à toutes ces luttes ; la tranquillité se rétablit dans notre province épuisée, et la sécurité fit bientôt oublier les maux passés, en engageant les habitants à cultiver les champs, à reprendre les travaux des métiers, les spéculations du commerce, et à regagner le temps perdu.

La France ayant repris, dans la dernière année qui précéda la paix, l'avantage sur les champs de bataille de la Flandre, n'ayant rien perdu non plus du côté de l'Alsace, les conditions de la paix devaient nécessairement être en sa faveur. Aussi ne puis-je admettre comme véritable époque de l'établissement de la domination française sur l'Alsace entière que celle du traité de Nimègue, car par lui toute la fortune ecclésiastique et laïque est mise sous la suzeraineté du roi de France ; les villes libres reçoivent des gouverneurs français, qui font prêter serment de fidélité au roi ; l'évêque et l'é-vêché se soumettent, et, en dédommagement de ses pouvoirs temporels, l'évêque reçoit une pension annuelle de 60,000 florins sur le trésor.

A partir de là, l'Alsace était province française, comme la Bourgogne, la Champagne, etc.; mais à partir de là cessèrent aussi l'incertitude, les appréhensions et l'indécision de la population. Devenue membre d'un État fort et respecté, elle agissait avec la sécurité qu'elle avait gagnée, tout en sacrifiant une partie de ses libertés.

Cette tranquillité dura jusqu'à la guerre pour la succession espagnole, en 1701. L'année après, le maréchal de Catinat était venu se placer avec ses troupes dans les villages du Kochersberg, entre Strasbourg et Saverne. Il fut remplacé dans le commandement par le maréchal Villars, qui, après s'être réuni au duc de Bavière, vint porter son quartier-général à Saverne. Pendant toute la durée de la guerre, c'est-à-dire pendant douze années, plusieurs combats se livrèrent en Alsace; mais ils sont sans importance dans cet ouvrage. Saverne a été souvent le séjour des généraux français; entre autres, le maréchal de Villars y réunit un conseil de guerre composé de ses meilleurs généraux, en avril 1707, pour combiner avec eux un plan d'attaque contre les fameuses lignes de Stollhoffen et Philippsbourg. Le maréchal d'Harcourt, ayant remplacé Villars, appelé en Flandre, résida également à Saverne en 1709.

La paix d'Utrecht, en 1713, n'ayant point été acceptée par l'Allemagne, une nouvelle campagne s'ouvrit en juin de la même année. Saverne devint encore pour quelque temps le quartier-général de Villars, auquel on avait opposé le prince Eugène. Villars, avec la supériorité acquise dans les guerres de Flandre, combina si bien son opération, que déjà le 20 août de la même année, il prit Landau, où il fit prisonnier le prince Alexandre de Wurtemberg et 8000 hommes sous ses ordres; les prisonniers furent répartis entre Saverne et Haguenau. Le 6 mars 1714 fut conclu le traité de Rastatt, par lequel l'empereur reconnut le roi légitime souverain de l'Alsace.

Une nouvelle période de paix succéda et étendit ses faveurs sur notre province jusqu'au 20 octobre 1740, jour de la mort de l'empereur Charles VI. Cet événement mit les armes aux mains de deux partis, ayant pour chefs, l'un Marie-Thérèse et l'autre Charles-Albert, électeur de Bavière; guerre de succession qui attira sur notre Alsace de nouvelles calamités. Le roi de France se fit le défenseur des droits de l'électeur de Bavière et le seconda de toutes ses forces; Marie-Thérèse, de son côté, avait pour alliés l'Espagne, l'Angleterre, la Savoie et la Hollande. D'abord victorieuse, l'armée française, sous la conduite du maréchal de Noailles, avait été obligée de rétrograder jusque sur les bords du Rhin; le comte Maurice de Saxe, commandant en sous-ordre, prit position au-dessous de Haguenau, laissant ainsi toute la basse Alsace ouverte aux incursions des ennemis. Aussi l'armée du prince Charles, composée en majeure partie de Hongrois et forte de 60,000 hommes environ, passa le Rhin sans obstacle sérieux, le 1er juillet 1744, et se rendit maître de Lauterbourg et de Wissembourg. Par cette manœuvre hardie, l'armée du maréchal de Coigny, commandant général de l'Alsace, fut coupée et ne put rouvrir les communications qu'en remontant la province et en perçant la ligne de l'ennemi, ce qui eut lieu le 15 juillet. Coigny, ne pouvant se maintenir dans ces lignes, se retira d'abord à Saverne et plus tard devant Strasbourg. Il fut suivi dans tous ses mouvements par les Croates, les Pandoures et autres corps indisciplinés qui, pareils à une nuée d'oiseaux de proie, se ruèrent dans les campagnes, avides de butin et de meurtre. Ils s'approchèrent de Saverne, sous les ordres du général Nadasti et du baron de Trenck, le fameux colonel des Pandoures; malheureusement les murs de Saverne ne ressemblaient plus guère à des fortifications. Cependant, malgré leur position peu solide, la garnison, qui n'était que de 200 hommes, résolut de se défendre à toute extrémité, sachant fort bien que le sort qui les attendait en cas de défaite n'était point à envier. Une centaine de paysans, auxquels la vengeance et le désespoir avaient mis les armes à la main, après avoir vu leurs moissons détruites, leurs maisons brûlées, leur bétail enlevé, se joignirent aux soldats, ainsi que les habitants valides. La défense fut héroïque, mais le nombre l'emporta; les soldats et les paysans furent passés au fil de l'épée, la ville livrée au pillage et à toutes les horreurs qui en sont l'accompagnement. Le château épiscopal fut seul préservé et servit d'asile à beaucoup de femmes et d'enfants.

Les Autrichiens se retranchèrent autant qu'ils le purent; ils établirent une longue redoute sur le haut de la côte de Saverne, qui s'étend des deux côtés du point le plus culminant sur toute la hauteur; un fossé large et profond en défendait l'approche[1]. Cet ouvrage, exécuté en peu de jours, devait servir à empêcher l'entrée en Alsace du corps d'armée que Louis XV ramena de Flandre au secours de Coigny. Mais le roi tomba malade à Metz, et le maréchal d'Harcourt, à la tête de 20,000 hommes, ne put forcer les retranchements sur la côte et dut se retirer, après avoir sacrifié environ 1500 hommes.

De nouveau, l'Alsace devait repasser sous la domination allemande ; les Hongrois surtout, dont la fidélité à l'impératrice était de l'idolâtrie, menaçaient et tuaient quiconque ne promettait point de redevenir allemand. Mais il n'entra point dans les décrets de la Providence qu'il en fût ainsi ; inopinément les Autrichiens plièrent bagage et se retirèrent de l'Alsace, poursuivis par l'armée française. Cette résolution subite, prise à la veille d'une bataille, avait pour motif autant l'approche d'un corps d'armée considérable venant de la Flandre, que la nouvelle de l'invasion des Prussiens dans les provinces de Moravie et de Bohême. De cette manière, l'Alsace fut purgée de ces hôtes et resta dans la paix jusqu'à la grande secousse révolutionnaire de 1789.

Pendant cette période de paix, les évêques de Strasbourg avaient fixé de nouveau leur résidence à Saverne. Les fortifications ne pouvant plus être relevées, la ville prit le parti de faire disparaître les décombres, les ouvrages extérieurs, les brèches, les pans de murailles et tout ce qui gênait la circulation et blessait la vue. Les

---

[1] Cet endroit est encore aujourd'hui connu sous le nom de *Pandurengraben ;* le fossé et le retranchement se voient encore assez distinctement dans différents endroits.

habitants eurent la permission de bâtir contre l'ancien
mur d'enceinte, et s'il n'y a pas de traces d'une permission expresse, il faut au moins admettre qu'elle était
tacite, puisque toutes les maisons y attenantes sont
plus ou moins appuyées dessus. L'hôpital civil fut construit des pierres provenant tant de l'ancienne église de
Sainte-Marguerite, tombée en ruines, que des bastions
qui l'entouraient. La ville moyenne, qui n'avait encore
été que faiblement reconstruite, se repeupla de maisons
et d'habitants. L'évêque Égon de Fürstemberg commença
et acheva la construction de son nouveau château, du
bâtiment de la Régence et de la Cour des comptes,
encore aujourd'hui les plus beaux édifices de Saverne.

Cette paix profonde, favorable au développement
des arts et des sciences, à l'agriculture et au commerce,
aux métiers et aux inventions, était ce dont notre province avait besoin. La France se lançait avec ardeur
dans les champs longtemps abandonnés de la philoso-
phie ; des salons de la noblesse elle envahit le tiers-état
qui, attiré par l'étude, répandit ses lumières dans toutes
les classes de la société. Avec les lettres et les sciences
s'établit dans le cœur des hommes la conscience de leur
dignité. Le luxe effréné de la Régence et du règne de
Louis XV, la dissolution de mœurs qui caractérisait ces
deux époques, provoquaient le mépris des classes
moyennes ; les fonds publics gaspillés honteusement
ajoutaient de nouvelles charges à celles déjà trop fortes
de la dîme et des redevances féodales. Un sourd mé-
contentement couva dans les cœurs des sujets, et le
besoin de réformer des abus intolérables d'oppression

et d'insolence se ressentait tous les jours davantage. La lecture des écrits de Voltaire, de Rousseau, de Condorcet propageait leurs idées de liberté, leurs théories des droits de l'homme; les lumières ou le désir de les acquérir portaient la classe moyenne à examiner, à étudier les principes des encyclopédistes et des économistes. L'Amérique septentrionale, opprimée par l'aristocratie de la mère-patrie, avait jeté un immense cri de liberté, tiré l'épée et jeté au loin le fourreau.

Nous avons vu de nos jours qu'il n'y a rien de plus contagieux que les idées de liberté; une révolution politique, fondée sur les droits naturels de l'homme contre les systèmes d'oppression des gouvernements ineptes et tyranniques, trouve partout de l'écho.

La France, à deux doigts de la banqueroute, par suite des abus, de la licence et des déprédations de la cour, demanda à grands cris l'assemblée des États. L'année 1789 avait commencé; les événements se succédaient avec rapidité. Les élections des députés de l'Alsace s'étaient faites en mars 1789; Saverne, comprise dans le district de Haguenau, avait voté dans cette dernière ville. L'ouverture des États eut lieu à Versailles, le 5 mai 1789, sous la présidence de Louis XVI. Les sottes prétentions de la cour, de la noblesse et du clergé occasionnèrent, le 17 juin, la constitution du tiers-état en Assemblée nationale, sur la proposition de l'abbé Sieyes et de Mirabeau; le 20 eut lieu le serment du Jeu-de-Paume, par lequel les députés s'engageaient à ne point se séparer avant d'avoir donné une constitution à la France. La résistance du parti de la cour, la

concentration des troupes aux environs de Paris provoquèrent la prise de la Bastille, le 14 juillet 1789 : la
première fois le peuple en armes avait remporté une
victoire; il en garda souvenir.

Les premières élections municipales eurent lieu d'a-
près la loi du 14 décembre 1789, à Saverne, dans le
courant de mars 1790; par là l'ancienne organisation
intérieure de la ville fut abolie et la commune admi-
nistrée comme toutes les communes de la France.

Le 17 mai 1790 avaient eu lieu les élections primaires,
qui désignaient les électeurs de districts et départementaux; ces derniers se réunirent le 26 du même mois,
pour élire l'administration départementale et ensuite
l'administration des districts. Ce mode d'organisation
uniforme, adapté à l'Alsace, ainsi que l'abolition des
droits féodaux, provoquaient des réclamations très-
vives de la part des princes allemands qui avaient encore des possessions sur la rive gauche du Rhin. Le
cardinal de Rohan, comme évêque de Strasbourg et à
cause de ses possessions à Saverne, se mit à la tête des
réclamants; ne pouvant recevoir de solution, ni près du
roi, ni près de l'Assemblée nationale, ils s'adressèrent
à la diète de Ratisbonne et à l'empereur. Le cardinal,
qui était membre de l'Assemblée nationale, chercha à
faire naître des troubles à Saverne et dans ses autres
possessions, à empêcher ou à contrarier la vente des
biens déclarés nationaux, et, pour se mettre à couvert
de la responsabilité de sa conduite, il quitta l'Assemblée, passa le Rhin, alla siéger à la Diète comme prince
de l'Empire et donna sa démission de député français.

A l'appui de l'existence des menées du cardinal, je citerai une délibération de la municipalité de Saverne, du 9 octobre 1790, qui rejette une pétition du sieur Gélin, prêtre, curé vétéran de Garbourg, ancien régent au collége de Molsheim, qui demandait à être admis à demeurer à Saverne. Le refus est motivé sur ce qu'il avait notoirement excité le cardinal contre les habitants.

Le 29 décembre 1790 eut lieu l'installation du tribunal du district de Haguenau, séant à Saverne. Les membres en étaient : Joseph-André Harrer, André Pettmesser, Marie-François Gérard, Nicolas-Joseph Knœpffler et Donnat. Le lieu de leur réunion était la salle du conseil où se tenaient ci-devant les audiences de la Régence.

Le 31 décembre 1790 il y eut une émeute qui paraissait plus particulièrement dirigée contre le maire Meyerhoffer. La sentinelle placée devant sa maison fut attaquée, renversée, son fusil brisé, la guérite brisée à coups de hache; des pierres furent lancées dans les croisées du maire; il y eut même des coups de fusil tirés, mais personne ne fut atteint, si ce n'est un citoyen nommé Engelspach, qui eut le chapeau traversé par une balle.

Au commencement de 1791, lorsque des commissaires départementaux arrivèrent dans la ville pour opérer la fermeture du couvent des Récollets, les femmes surtout se montrèrent très-hostiles, et il ne fallait rien moins que la présence d'un certain nombre de troupes pour empêcher des désordres plus graves. La maison des fermes fut détruite à cette occasion.

Le 20 avril 1792, la guerre fut déclarée au roi de Hongrie et de Bohême. Le 3 mai suivant, la municipalité ordonna que le lendemain la loi qui déclare la guerre serait lue et publiée par le greffier de la ville, sur la place publique, en présence de la municipalité revêtue d'écharpes et de la garde nationale sous les armes.

Quelques jours plus tard et en exécution d'une délibération prise par le directoire du département, le 16 avril 1792, on descendit les cloches de Saint-Nicolas, des Récollets, du couvent des religieuses de la Congrégation, et de l'Hôpital, pour les envoyer à la Monnaie, ainsi que les vases, argenteries, candélabres, etc., qui existaient dans ces mêmes églises. On y joignit une statue en bronze d'un grand poids, représentant Louis XIV, trouvée dans le château de l'évêque, et deux petites cloches qui avaient été cachées dans les basses cours du château.

Le 6 juin 1792 fut planté l'arbre de la Liberté, avec grande pompe et le concours de la garde nationale et des autres citoyens.

Le 11 juillet suivant, la patrie ayant été déclaréeen danger, par suite de l'approche de l'armée des Autrichiens, Hessois et Prussiens, la garde nationale de Saverne fut complétement armée de fusils et de piques ; la sixième partie en fut mobilisée. Le 14 juillet, elle prêta le serment fédératif au pied de l'arbre de la Liberté, ainsi que la brigade de la gendarmerie nationale et un détachement de cavalerie qui tenait garnison dans la ville. Les gardes nationaux mobilisés furent mis à la disposition du lieutenant-général Biron et répartis dans les différentes places fortes pour en faire le service.

Le 14 septembre parut la délibération du directoire
du département, qui ordonna l'évacuation des maisons
religieuses avant le 1ᵉʳ octobre. Madame La Villardière,
supérieure du couvent de la Congrégation, obtint cependant de la municipalité un délai.

Les chapelles du Haut-Barr et de Saint-Vite furent
fermées par suite d'une délibération municipale du
24 septembre 1792, parce que l'on avait appris que des
prêtres insermentés y célébraient la messe.

Le 21 septembre avait été proclamée la République
une et indivisible. La municipalité de Saverne prit, le
2 octobre suivant, une délibération qui donna le pro-
gramme de la fête à célébrer à cette occasion. La garnison et la garde nationale prirent les armes et se
réunirent sur la place en ordre de bataille; la cloche
bourgeoise sonna, la générale battit, la commune s'as-
sembla également sur la place, où l'on avait élevé une
grande estrade. A midi, le conseil général, en grand
costume, y prit place et donna lecture du procès-verbal
de la séance de la Convention nationale du 21 septembre.
Après cette lecture, les citoyens furent invités à témoigner leur joie à la régénération par une illumination;
de là on se rendit à l'église de la paroisse pour assister
au *Te Deum* qui fut chanté en actions de grâces; les
boîtes furent tirées pendant la cérémonie de la publi-
cation; la maison commune fut splendidement illuminée
le soir. Après le *Te Deum*, le conseil général assista à
la bénédiction du drapeau du bataillon de la Haute-
Saône, en garnison à Saverne.

Le 26 février 1793, le feu prit au château et détruisit

les trois quarts des combles. Sans le concours actif des troupes et des bourgeois, le malheur pouvait être immense; le feu fut maîtrisé au moment où il touchait aux magasins de fourrages; mais le dommage n'en fut pas moins très-considérable.

Cette année désastreuse avait commencé, riche en patriotisme, en gloire et en terreur; elle présentait le spectacle d'une nation entière se remuant dans toutes ses profondeurs pour repousser l'ennemi et sauver la forme et les institutions républicaines. Le duc de Brunswick et le général Wurmser menaçaient la frontière de l'Alsace et de la Lorraine. A la voix du directoire du Bas-Rhin, qui déclarait que les circonstances pressantes exigeaient que tous les citoyens aptes à la défense de la patrie fissent un effort pour s'opposer à l'agression des ennemis de la liberté et de la République, la municipalité de Saverne réunit la garde nationale sédentaire, en forme une compagnie et la met à la disposition du général; les chevaux de luxe sont envoyés à la remonte, et tous les efforts sont faits pour répondre dignement à l'appel du pays.

Les dangers de la guerre n'empêchaient point la célébration des fêtes patriotiques. Le 10 août, à quatre heures de relevée, la cloche bourgeoise donne le signal: le maire, les officiers municipaux, procureur de la commune et membres du conseil général sortent de la mairie, en grand costume, suivis du greffier portant sur un coussin en velours cramoisi l'acte constitutionnel. Au milieu de la place publique se dresse l'autel de la patrie, construit en gazon, en forme carrée, entouré

de jeunes sapins et embelli de toutes parts par des gre-
nadiers, des orangers et d'autres fleurs; au centre de
l'autel se trouve une pyramide triangulaire, surmontée
d'un bonnet phrygien, et sur laquelle étaient en peinture les autres attributs de la République. La garde
nationale en armes, la gendarmerie de résidence, le
détachement de gendarmerie pour le service de correspondance, un autre dépôt de la gendarmerie de la
29ᵉ division de Paris, la compagnie de charretiers avec
leurs officiers, formaient le carré autour de l'autel. Au
son de la musique et de toutes les cloches, au bruit de
la décharge de toutes les boîtes, la Constitution, l'arche
d'alliance du nouveau régime, est déposée sur l'autel.
Lecture en est donnée dans les deux idiomes usités,
ainsi que des droits de l'homme et du citoyen. Puis se
présente une troupe de jeunes citoyennes qui, de leurs
voix mélodieuses, chantent des chansons patriotiques
analogues à la fête. Le peuple et les soldats en masse
prêtent le serment à la Constitution et jurent de mourir
pour son maintien; les cris de *Vive la République!*
sortent des poitrines et réveillent les vieux échos des
montagnes; la carmagnole est dansée à l'entour de
l'autel; le soir, la ville est illuminée et la fête se ter-
mine par des danses à l'Hôtel-de-Ville.

Le lendemain, on brûle les despotes en effigie et l'on
anéantit tous les emblèmes qui rappellent l'ancien
régime. Quelques jours après, sur l'ordre du général
Dubois, tous les hommes valides, de seize à soixante
ans, sont réunis et partent pour le camp de Brumath.

Le 28 octobre, Pichegru prend le commandement de

l'armée du Rhin, et Hoche celui de l'armée de la Moselle. Une division de l'armée des Ardennes, augmentée des gardes nationales de Lorraine et de Bourgogne, de Nancy, de Metz, de Lorquin, part de Saverne pour renforcer l'aile gauche de l'armée du Rhin, qui reprit l'offensive. Une attaque générale eut lieu sur toute la ligne ; le général Burcy, qui commandait l'aile gauche, attaque l'ennemi posté sur le Bastberg, près de Bouxwiller ; un combat sanglant s'engage, mais les Autrichiens sont repoussés jusqu'à Wissembourg. La garde nationale de Metz se distingua plus particulièrement dans cette affaire, mais fut presque anéantie. L'hôpital, l'église et les bâtiments du couvent des Récollets, le Petit-Château et toutes les maisons de Saverne étaient encombrés de blessés.

La cherté des vivres, les maladies tourmentaient la cité et faisaient désirer avec ardeur un meilleur temps. Bientôt nos armées victorieuses éloignèrent les ennemis de nos frontières, et pendant tout le temps des guerres de la Révolution, du Consulat et de l'Empire, Saverne n'eut plus à souffrir des occupations des armées. Après les désastres de la campagne de Russie et la défaite de Waterloo, elle fut occupée successivement par les armées coalisées qui marchaient sur Paris. L'empereur Alexandre logea dans la maison Ostermann et y but du vin du Goldenen-Bock, qu'il trouva excellent, ce qui ne prouve point en faveur de son fournisseur ordinaire, qui paraît ne pas lui avoir gâté le palais.

En 1817, la côte de Saverne était pavoisée de drapeaux blancs fleurdelisés, des arcs de triomphe étaient dressés, la population de dix lieues à la ronde s'était donnée rendez-vous à Saverne : le duc de Berry entra en Alsace. A la vue de la vaste plaine qui s'étendait à ses pieds, il s'était arrêté au haut de la côte, ravi et étonné : « Comment! s'est-il écrié, ce beau pays est « encore à nous! »

En 1828, Charles X, se rendant à Strasbonrg, passa une nuit à Saverne, et pour qui eût vu les démonstrations de joie, de satisfaction, de bonheur qui éclataient sur son passage, n'aurait point cru que deux ans plus tard, ce vieillard, chassé du trône de France, irait mourir en exil.

En 1831, Louis-Philippe reçut le même accueil, fêté et flatté; il expie à Clarendon le tort d'avoir renié son origine.

Le vent populaire, s'élevant dans la cité des tempêtes, a balayé en deux jours toutes les monarchies, et, belle dans sa jeunesse éternelle, la République, traversant la France entière, apparut de nouveau dans l'Alsace. Les réjouissances et les fêtes l'accueillirent; un nouvel arbre de la Liberté verdit sur la place du Château, béni par les ministres de tous les cultes, acclamé par la population entière, symbole de la République, de la liberté, de l'égalité, de la fraternité de tous les citoyens; qu'il grandisse et soit salué par nos derniers neveux encore, comme le témoin d'une ère de véritable liberté, pure de toute souillure et de toute tache.

HAUT-BARR.

Une des excursions favorites des Savernois est celle au Haut-Barr. Non-seulement la vue y est magnifique, mais la petite lieue de chemin qu'il faut parcourir est une charmante promenade.

Nous nous étions mis en route au lever du soleil, et, comme nous avions résolu de passer la journée dans les montagnes, nous avions pris un homme de peine qui nous porta nos provisions. Nous quittâmes la grande route au-dessus du pont jeté sur le canal de la Marne-au-Rhin, et, après avoir longé ce dernier pendant une centaine de pas sur un chemin de voiture large et insensiblement ascendant, nous nous trouvâmes à l'ombre des noyers et des pommiers qui ornent les vergers bordant la chaussée des deux côtés. D'anciennes carrières se trouvent à gauche dans le flanc de la colline et ont fourni les moellons pour la construction du nouveau château du cardinal; à droite, la vue s'étend davantage; à nos pieds la vallée de la Zorn avec son canal, son chemin de fer, sa route et sa rivière, quatre voies de transport fraternellement unis et resserrés dans une largeur de 60 à 80 mètres. A l'ouverture du Ramsthal se montre la scierie avec ses prairies, jetée entre les deux montagnes et les forêts comme un châlet de Suisse; plus loin la Schlettenbach, ce séjour charmant arraché aux flancs stériles de la montagne par la persévérance de M. Leclerc; au-dessus le rocher immense du Saut-du-Prince-Charles. Dans le fond, la continuation de la vallée de la Zorn se devine par les sommets boisés des montagnes qui se dessinent à perte de vue. Bientôt le chemin tourne insensiblement à gauche, et nous arrivâmes sur les limites de la forêt du Haut-Barr.

Déjà là, en se retournant vers la plaine, on jouit d'une vue délicieuse qui vous prépare au spectacle magnifique que vous présente le haut de la montagne. En s'engageant dans la forêt, l'on se trouve sous un berceau continuel formé par les branches des hêtres et des bouleaux; le chemin, bien entretenu, longe le mur de la garenne, clos très-étendu dans lequel le cardinal s'était ménagé le plaisir de la chasse aux lapins. Le propriétaire actuel, M. Kolb, en a banni ce quadrupède inutile, et la terre est exploitée par l'homme, partout où elle est susceptible de culture. Les vignes, les prairies artificielles alternent avec les terrains non cultivés, sur lesquels on a maintenu l'arbre des forêts; quelques points sont occupés par des gloriettes d'où la vue peut s'étendre dans la plaine. Une maison de maître se trouve au bas du versant méridional, et quelques bâtiments d'exploitation se trouvent à gauche et à droite de l'entrée. Le chemin nous conduisit au coin supérieur de cette propriété et nous permit de faire ces observations. L'ascension se fait sans peine; de temps à autre les branches moins touffues, agitées par une légère brise matinale, nous permirent de jeter un coup d'œil sur la plaine fertile de l'Alsace ou dans la vallée pittoresque de Reinhardsmünster. A mi-chemin à peu près l'on rencontre une croix en pierre de taille ; sur sa base se trouve sculptée une roue de moulin ; au haut de la croix il y a une aquarelle sous verre dans une niche, représentant l'endroit de la forêt où se trouve la croix et la croix elle-même, devant laquelle est agenouillée une femme en prières. Notre guide nous raconta qu'un meunier des environs, attardé pendant une nuit d'hiver, a trouvé la mort en cet endroit. On le trouva le lendemain, roide et gelé, dans un creux à côté du chemin.

A un coude formé par le chemin, nous quittâmes la forêt, et devant nous se dressait la tour orientale du Haut-Barr au-dessus des cimes de bouleaux qui en cachent la base. Encore une centaine de pas le long d'une haie vive de charmille et d'une rangée de châtaigniers, et nous nous trouvâmes au bas de l'énorme rocher sur lequel est situé le château. Ce rocher est divisé par la nature en trois parties, que les anciennes constructions ont reliées ensemble. Deux seulement de ces parties sont accessibles encore, tandis que la troisième, quoique se reliant par la base aux deux autres, en est totalement séparée par le sommet, sur lequel, du reste, il n'existe plus que quelques pierres cimentées pour attester qu'autrefois il était également surbâti.

Avant d'entrer dans l'intérieur, notre guide nous fit monter un petit escalier rustique qui conduit à un emplacement sur lequel la République de 1792 avait fait construire une redoute pour défendre le passage des Vosges. Ce point paraît tellement stratégique qu'après la révolution de 1830, le maréchal Soult, ministre de la guerre, conçut la même idée et donna l'ordre au colonel du génie Morlincourt de construire une batterie près de la garenne, en indiquant qu'il se souvenait avoir inspecté, en 1793, une redoute sur le rocher au-dessus de la garenne.

Cette terrible destination n'a pas été exécutée, et aujourd'hui l'emplacement est transformé en un charmant rond-point ombragé d'accacias, arrangé en bancs de gazon, pour servir au besoin à un bal champêtre ou à toute autre réunion nombreuse et pacifique. La vue est interceptée par les branches des arbres, et, vers l'ouest et le sud, s'élève le rocher nu; cependant il existe, dans une fente assez large, un passage qui rapproche d'une porte de sortie cachée et par laquelle on communiquait avec cet endroit, qui était probablement un ouvrage avancé et servait de poterne en cas de siége. Nous redescendimes pour chercher l'entrée du château, celle devant laquelle nous nous trouvions étant fermée par une porte nouvellement posée.

Arrivé devant la porte principale, située au milieu de la masse de rocher, on a devant soi tout le colosse de la nature et de l'art.

Le rêve du moyen âge est achevé; ce ne sont que ses monuments qui, par ci, par là, le font réapparaître comme un géant. Qui pourrait regarder sans admiration ces tours et ces murailles? Quels formidables changements du destin ont passé sur ce monument! Que de trônes et de peuples ont disparu depuis! que de nouveaux ont surgi! Et cela pouvait-il être autrement? Le monde est un monde de forces; tout ce qui est fort domine, n'a pas de juge et ne conçoit de peur que devant ce qui est plus fort.

Un rocher immense se dresse devant nous, formé de cette pierre rouge, sablonneuse et entremêlée de cailloux ronds, qui se rencontre partout dans nos montagnes et est désignée sous le nom de grès des Vosges. Les rainures horizontales, tracées sur ce rocher, paraissent creusées par l'action d'une eau courante et confirmer l'assertion des géologues, qui soutiennent que la vallée formée par les Vosges et la Forêt-Noire n'était anciennement qu'un lac immense dont le bassin ne s'est vidé qu'après avoir rompu la digue que lui opposaient les rochers de Bingen ; cette mer intérieure a disparu et nous a laissé le Rhin au milieu de la vallée.

Vers le sud, le rocher présente une face de 300 mètres environ, partout à pic, et là où la nature a laissé une saillie, là où le pied de l'homme aurait pu trouver un appui, le Vauban du château a placé des maçonneries, pour occuper à l'avance une position qui aurait pu servir à l'ennemi.

Vers le milieu du rocher où se trouve la porte d'entrée principale du château, les murs descendent jusqu'au pied du rocher, et dans leur épaisseur sont placées des meurtrières, des barbacanes qui permettent à la garnison de repousser les assaillants, sans être exposée à leurs traits.

La porte est d'un style plus récent que le reste des constructions ; le style de la Renaissance trahirait l'époque de sa construction, si le millésime n'était point exprimé dans l'inscription placée au-dessus et qui dit que l'évêque Jean de Manderscheidt-Blankenheim a de nouveau fait fortifier ce château en 1583. Voici cette inscription :

Johannes Dei gratia episcopus argentinensis Alsatiœ landtgravius ex familia comitum de Manderscheit Blankenheim, hanc diu neclectam ruinosam arcem subditorum tutelam nulli inimicam restauravit, munivit, firmavit Anno Domini MDLXXXIII.

Ayant franchi cette porte, le rocher paraît avoir été taillé en pente pour faciliter l'ascension vers une autre porte dont il ne subsiste plus que le plein-cintre. Mais, pour avoir franchi ce premier obstacle, le château n'était pas encore à la disposition de l'ennemi, car en face de la porte se trouve le rocher abrupte surmonté du beffroi pentagone; l'ennemi pouvait être écrasé du haut de cette tour, en même temps que de deux autres côtés il était assailli par les coups et les traits partant des murs intérieurs.

Derrière la porte intérieure s'ouvre la cour qui cependant devait être très-restreinte à cause du peu de largeur de la superficie du rocher et des bâtiments servant de logement, dont les traces existent encore.

A droite de la cour se trouve la chapelle, dans laquelle il se dit encore tous les ans, au 1ᵉʳ mai, une messe qui réunit les fidèles. Elle est adossée contre le rocher, qui s'élève à plus de 20 mètres au-dessus de la cour; son style gothique, mêlé de byzantin, place sa

construction dans l'époque de la transition, consé-
quemment dans le douzième siècle; la porte d'entrée
est à plein-cintre orné de larges bourrelets; de chaque
côté des pilastres, entre lesquels règne une série de
pendentifs terminés par des consoles striées; les socles
sont en grandes pierres de taille. La construction supérieure est démolie et paraît cependant avoir été une
habitation, probablement celle du chapelain, qui communiquait avec le rocher supérieur, contre lequel elle
est bâtie. Cette opinion est confirmée par la présence
d'un escalier descendant du rocher supérieur et finis-
sant avec le rocher à une hauteur de 10 mètres au-
dessus du sol, en face de l'étage supérieur de la chapelle, et par l'absence de tout autre moyen de communication avec les constructions établies sur le rocher
supérieur. La distribution de ces constructions donne
également raison à cette supposition; car il y a quelques vestiges de chambres d'habitation et d'un corridor
aussi long que le rocher lui-même, qui doit avoir servi
aux hommes d'armes.

Il est vrai que l'échelle placée par le propriétaire
actuel du château pour atteindre au haut du rocher,
s'appuie contre une porte, ce qui prouverait que les
constructions continuaient à cette hauteur et remplis-
saient tout l'intervalle entre le rocher et la partie nord
de sa base.

Il nous a été dit qu'il y a quelques années, l'emplacement sur lequel la châtelaine actuelle a fait bâtir une
maison entourée de quelques parterres, était occupé
par les ruines des vieux bâtiments où étaient logés les

valets et les chevaux. Les trous faits dans le rocher pour la pose des poutres transversales attestent l'exactitude de ce fait.

Dans l'intérieur de la cour actuelle s'élève une maison moderne, dans laquelle demeure le forestier avec sa famille.

Il y a sur le plateau deux citernes de peu de profondeur ; mais dans le compartiment au bas du beffroi il y a un puits qui est tellement profond, que lorsqu'on y jette une pierre, on ne l'entend arriver au fond qu'au bout d'une minute environ. Aujourd'hui, l'accès à ce puits est interdit, puisqu'il est au niveau du sol et que facilement un accident pourrait arriver. Une porte fermée à clef en défend l'entrée.

A côté de la maison du forestier se trouvent les ruines d'un escalier tournant et quelques murs des chambres d'habitation ; ces constructions datent évidemment de la même époque de 1583. Il est impossible d'atteindre, sans se servir d'une échelle, le beffroi, qui a évidemment été en communication avec ces dernières constructions. Au delà de cette tour, le rocher continue, et sur toute sa surface règnent des vestiges de constructions et de murs ; le dernier rocher, sur lequel se trouvait le dernier refuge, était relié au reste du fort par un pont-levis qui a entièrement disparu.

Mais l'on ne saurait examiner ces ruines sans être amené à jeter de temps à autre un coup d'œil sur la campagne qu'elles dominent. Le point qu'il faut choisir pour jouir d'une vue incomparable, c'est le rond-point qui se trouve à l'extrémité orientale du château. C'est là que nous nous assîmes après avoir parcouru les ruines.

Le vent ne se fit pas sentir; un voile de vapeurs argentées enveloppait la plaine que l'œil cherchait en vain. Nous ne vîmes qu'une mer de brouillards, bornée par des montagnes lointaines. Cette mer brillante et remuante tantôt s'élevait et tantôt s'abaissait, semblable à un homme hésitant entre l'intention et le fait; nous suivions des yeux ces jeux du brouillard, craignant que nous serions privés de la jouissance de cette vue que l'on nous avait tant vantée.

Soudain les feuilles tremblent; un vent frais se lève, et devant l'haleine de l'orient le voile se déchire au bout de quelque temps. La plaine apparaît à nos yeux, pareille à un temple au-dessus duquel le ciel bleu se voûte en dôme. Brillante des rayons du soleil matinal, Saverne s'étend à nos pieds, entourée de vergers et de prairies vertes et fleurissantes, de montagnes couronnées de forêts, de châteaux et de chapelles; le Greifenstein, les chapelles de Sainte-Barbe, de Saint-Michel, avec les villages de Saint-Jean et d'Eckartswiller à leurs pieds, forment le premier plan. Au loin, des vallées profondes, des prairies, des champs se présentent sous toutes les nuances de verdure, sillonnés par les flots scintillants de la Zorn; des bourgs, des hameaux, des villages, des métairies sans nombre s'étalent devant l'œil étonné et à perte de vue, jusqu'au lointain horizon que bordent les sombres flancs de la Forêt-Noire. Vu de ce point, tout a le caractère d'une simplicité grandiose et sans faste, d'une solitude calme et tranquille.

L'ombre de quelques nuages courait sur la scène, comme le chagrin et les soucis dans la vie humaine.

Après nous être arrêtés longtemps devant cette belle nature, nous commencions à sentir le besoin de nourriture; nous sortîmes nos provisions et je ne me souviens pas avoir fait un repas aussi gai que le déjeuner de ce jour.

Le Haut-Barr a été construit, selon les uns, en 1162; selon les autres, en 1168, par Rodolphe, évêque de Strasbourg; mais il est à croire qu'une position aussi forte a dû être occupée déjà longtemps avant cette époque; cependant nulle part il en appert. Le rocher avait appartenu, avec les forêts, à l'abbaye de Marmoutier, sur laquelle Rodolphe en a fait l'acquisition, avec l'autorisation de l'évêque de Metz et sur les conseils de Frédéric Barberousse. Les évêques de Strasbourg y ont constamment maintenu une garnison et passaient souvent la belle saison dans ce château. Les ducs de Lorraine cherchaient pendant longtemps à s'emparer d'une forte position en Alsace, qui pourrait leur ouvrir le chemin des conquêtes, et Haut-Barr surtout tentait leur convoitise.

L'évêque de Metz avait déjà plusieurs couvents sous sa domination, entre autres ceux de Saint-Jean-des-Choux et de Neuwiller, et par son entremise il y eut des pourparlers entre l'évêque de Strasbourg Guillaume III, comte de Dietz, et le duc de Lorraine, pour la cession de la ville de Saverne et du château de Haut-Barr. Cet évêque, qui était constamment en guerre avec la ville de Strasbourg, mettait pour prix de la cession l'engagement du duc de Lorraine de lui prêter main-forte dans ces guerres. Mais comme il avait déjà aliéné d'autres possessions faisant partie de l'évêché, le chanoine Hugelmann de Fénétrange s'opposa à cette aliénation, ainsi que le comte Frédéric de Hohenzollern; ils s'emparèrent de l'évêque à Molsheim et le conduisirent prisonnier à Strasbourg, en 1415. Il resta enfermé pendant un an dans une petite chambre au-dessus de la chapelle Saint-Jean de la Cathédrale. Pendant ce temps, l'évêché avait fait occuper le Haut-Barr par des troupes fidèles, commandées par le chevalier Ulrich de Hohenbourg et le comte Bernard d'Eberstein, alors grand bailli d'Alsace. L'année suivante, le concile de Constance fit rendre l'évêque à la liberté; mais il paraît qu'il garda toujours rancune à la ville de Strasbourg. Nous voyons encore qu'en 1439 il appela à son aide le comte Jean de Fénétrange, et celui-ci, à la tête de 12,000 Armagnacs, en majeure partie cavalerie, descendit la côte de Saverne dans la nuit du mercredi avant Saint-Matthieu. On tenta une surprise contre Saverne et contre le Haut-Barr; mais la vigilance des habitants et de la garnison rendit sans succès cette tentative.

La chronique se tait sur les causes de la destruction partielle que semble indiquer l'inscription placée par l'évêque Jean de Manderscheidt. Ce dernier releva donc les fortifications en 1583, et depuis lors Haut-Barr reprit son importance comme forteresse. Mais ce qu'il y a de plus particulier, c'est l'institution de buveurs qu'y fonda cet évêque en 1586, sous le titre de *Confrérie de la Corne*, en s'adjoignant comme fondateurs le grand-maître de l'ordre teutonique Henri de Bobenhausen, Frédéric, duc de Saxe, les comtes de Salm, de Nellenbourg et autres. Quelques années plus tard y furent affiliés les deux comtes palatins Reinhardt et Georges-Jean, Léopold d'Autriche, l'évêque de Strasbourg, les comtes de Fürstemberg, Ortenberg, Lichtenstein, Limbourg. Tous étaient obligés de se soumettre à l'épreuve, qui consistait à vider d'un seul trait la grande corne d'un urus, contenant environ deux pintes. Cette corne, ainsi que le registre d'inscription des sociétaires, existaient encore au château de Saverne avant la révolution. Voici la description de cette corne, telle qu'elle nous est parvenue :

La Corne du Haut-Barr était artistement garnie de trois anneaux de cuivre, sur le premier desquels on lisait l'inscription ci-après : *India remota cornu dedit da Deus præsens præsidium huic arci, tuoque favore cornu illius evehe.*

L'anneau du milieu avait pour inscription : *Reperi destitutum, reliqui munitum, maneat tibi tuta custodia.*

Et le troisième : *Non minor est virtus, quam quærere, parta tueri.*

Le maréchal Bassompierre raconte de la manière suivante l'aventure qui lui est arrivée avec les révérends gardiens du Haut-Barr :

« Je partis d'Amberg et m'en revins pour coucher à Saverne. Je me mis à table pour souper, avant d'aller voir les chanoines au château ; mais comme je commençais, ils arrivèrent pour me prendre et me mener loger au château. C'étaient Messieurs le Domdekan et les comtes de Quesle et de Rifferscheidt. Ils avaient déjà soupé et étaient à demi ivres. Je les priai que, puisqu'ils me trouvaient à table, ils s'y missent, plutôt que de m'emmener attendre le souper au château, ce qu'ils firent, et en peu de temps, de notre soif, Guitaud et un mien compère, maître des monnaies de Lorraine, et moi, nous les achevâmes si bien d'enivrer, qu'il les fallait remporter au château; et moi, je demeurai en mon hôtellerie. Et le lendemain, à la pointe du jour, je montai à cheval, pensant partir; mais ils avaient, la nuit, envoyé défendre que l'on ne me laissât pas sortir, car ils voulaient avoir leur revanche de ce que je les avais enivrés.

« Il me fallut donc demeurer ce matin-là au dîner, dont je me trouvai bien mal; car, afin de m'enivrer, ils mirent de l'eau-de-vie dans mon vin, à mon avis, bien qu'ils m'aient depuis assuré que non et que c'était seulement d'un vin de Lesperg, qui était si fort et fumeux que je n'en eus pas bu dix à douze verres, que je ne perdisse toute connaissance et que je ne tombasse dans une telle léthargie qu'il me fallut saigner plusieurs fois, me ventouser et me serrer avec des jarretières les bras et les jambes. Je demeurai à Saverne cinq jours en cet état, et perdis de telle sorte le goût du vin, que je demeurai plus de deux ans non-seulement sans en pouvoir boire, mais encore sans en pouvoir sentir sans horreur[1]. »

---

[1] *Mémoires du maréchal de Bassompierre*, tome Ier.

Cependant il paraît que ce goût lui revint, car il rapporte lui-même qu'ayant été une seconde fois à Saverne, les révérends pères le régalèrent, et qu'ils s'enivrèrent tous comme il faut.

La confrérie de la Corne éprouva quelques revers et se ressentit des événements de la guerre. En 1634, les Français s'emparèrent de Haut-Barr, ce qui était indiqué dans le registre par ces mots :

« Le dernier janvier, le comte de Salm remit le châ-
« teau au roi de France, et l'on but dans la grande corne
« le Wiederkomm (*au revoir*). Le duc de Saint-Simon
« fut nommé gouverneur du château et puis confrère
« de la Corne ; il la vida le 17 avril, avec toutes les cé-
« rémonies usitées. L'épouse et la fille du duc y burent
« également. »

Les derniers confrères se firent inscrire le 19 septembre 1635. Dans la même année, Haut-Barr fut surpris par les Impériaux ; mais les Français le reprirent l'année d'après, sous le commandement du duc Bernard de Weimar. Ils restèrent en possession de ce château jusqu'à la paix de Westphalie. A cette époque, Haut-Barr fut rendu à l'évêque, après que les fortifications eussent été rasées ; mais la fameuse corne, ainsi que le registre, furent transférés au château de Saverne.

En 1729, la maréchale de Noailles écrivit dans le registre ce qui suit : « J'ai passé par hasard à Saverne ; « j'ai vu la corne, mais je n'y ai pas bu. » Au-dessous de ces mots en sont écrits d'autres, que voici : « Nous, « évêque, duc de Langres, pair de France, certifions « que la susdite mention n'est que trop vraie ; mais que

«néanmoins on a vidé la corne à plusieurs reprises,
« le tout à la santé de l'aimable madame la maré-
« chale. »

Il paraît que depuis la paix de Westphalie les fortifications n'ont jamais été complétement relevées ; cependant il y avait toujours une petite garnison, qu'y entretenait l'évêque de Strasbourg.

Lorsqu'après la mort de l'empereur Charles VI, arrivée le 20 octobre 1740, éclata la guerre pour la succession, la France appuya les prétentions de Charles-
Albert, électeur de Bavière. L'Alsace fut encore le
théâtre de cette longue lutte, et en 1744 le maréchal
Coigny se jeta dans Haguenau, puis dans Saverne, et
fut forcé de se replier avec son armée sous le canon de
Strasbourg. C'est alors que le fameux baron de Trenck,
colonel des Pandoures, et le général Nadasti s'emparèrent de Saverne. Les Pandoures occupèrent également le Haut-Barr, que les troupes françaises venaient
d'abandonner.

On raconte qu'à cette occasion il ne restait au Haut-
Barr que le fils du fermier, jeune homme résolu, qui
monta sur le rocher le plus élevé, pour soutenir le siége
contre les Pandoures. Pour ne pas être pris par famine,
il eut l'ingénieuse idée de faire partager son sort par
une chèvre, dont le lait lui servait de nourriture. Comme
il avait retiré l'échelle qui lui avait servi pour monter,
ses ennemis ne pouvaient l'atteindre. Il en blessa plusieurs, et au bout de quelques jours, les Hongrois s'é-
tant retirés, il lui resta la gloire d'avoir défendu son
poste, seul, contre toute une armée.

Depuis cette époque, Haut-Barr est resté une ruine, au milieu de laquelle est construite la maison du garde de la forêt. Le château fut vendu comme bien national et passa successivement entre les mains du duc de Feltre, de M. Feyler, et est aujourd'hui la propriété de la famille Kolb, de Saverne.

C'est le duc de Feltre qui a fait niveler le terrain devant le château, fait planter la haie et la ligne de châtaigniers qui en longent le bord.

GRAND OU HOH-GEROLDSECK.

Après avoir visité le Haut-Barr, ne quittez point la montagne, mais dirigez-vous vers l'ouest, en passant devant le télégraphe construit à peu de distance, et au bout d'un quart d'heure vous êtes devant le château de Grand-Geroldseck, situé sur un mamelon élevé sur le dos de la montagne. Entouré de tous côtés par la forêt qui l'assiége et gagne tous les ans sur ses débris, il présente l'aspect d'une ruine sombre et solitaire.

Voilà donc ce que deviennent les ouvrages des hommes! Berceau d'une des plus nobles familles de l'Alsace, manoir de la plus brillante chevalerie, ses murs se sont écroulés, les pierres se détachent une à une, l'humble lierre seul encore leur sert de ciment! Cependant, en face de ces ruines, je me prends à regretter la noblesse qui autrefois l'habitait; car c'était bien alors le siècle des nobles actions; l'aristocratie dominante était celle de la bravoure, des hauts faits, du cœur; l'aristocratie qui voulait avoir son mérite personnel, que ne contentaient point les souvenirs historiques de ses aïeux; qui, pour rester noble, avait besoin de se distinguer elle-même par les mêmes qualités que celles qui avait ennobli ses pères; l'aristocratie conservatrice de l'honneur, dépositaire fidèle d'un noble orgueil, d'une dignité véritable, et puisant le sentiment de son indépendance et de ses droits dans la conscience de sa force et de son mérite; l'aristocratie alliant au rang et à la richesse la volonté et la capacité d'être juste et véritablement grande.

Oui, on peut bien regretter cette ancienne noblesse, en présence de celle de nos jours, qui ne lui ressemble guère ou qui ne lui ressemble pas du tout! Ces affectations de noblesse, qui sont à l'ordre du jour, présentent le triste spectacle de la sottise, le vide orgueil de la naissance, la présomptueuse et vaine ostentation de gens qui s'exagèrent leur mérite, qui se séparent en castes, qui ne rêvent que distinctions et places pour eux seuls et regardent comme un intrus l'homme d'esprit qui n'a que son mérite pour lui. Oh oui, la noblesse est descendue de ses châteaux féodaux, mais vous la chercheriez vainement dans le bruit des villes, dans les salons et les fêtes; vous n'y rencontreriez que des flatteurs, des hypocrites, des valets affublés de beaux habits, de beaux noms, portant armoiries aux carrosses, mais n'ayant de la noblesse que ces signes extérieurs et oubliant cette noble devise de leurs plus nobles aïeux : *Noblesse oblige !*

Voilà les tristes réflexions qui m'étaient suggérées par la contemplation de ces ruines; elles mêlèrent quelque amertume dans mon cœur, qui fut un instant arraché, par les pensées de la vie réelle, aux beautés et aux charmes d'une nature printannière; mais bientôt ie me trouvai ramené à d'autres idées par le spectacle de l'intérieur du château.

Il n'existe plus que peu de murs, mais d'après leurs

vestiges il faut que le château ait eu cependant une grande étendue. Seule, la grande tour est encore debout et étonne le visiteur par la force et l'épaisseur de ses côtés; elle est ouverte au nord-ouest, c'est-à-dire qu'il n'y a plus que trois côtés de la tour, le quatrième étant tombé. Il serait dangereux de s'approcher d'elle, surtout dans un moment où le vent donnerait fort, car les murs encore debout ont été fortement entamés et il y a des pierres d'une grosseur considérable, qui semblent ne plus tenir qu'à un fil. L'on peut encore voir également des souterrains tombés en ruines, et sans doute il y en a encore d'autres recouverts par les décombres. Les fouilles qu'on tenterait et qu'on exécuterait, conduiraient probablement à des découvertes intéressantes, car depuis 1486, époque à laquelle le château fut pris d'assaut, il n'a plus été habité, et, comme le siége durait quelque temps déjà, il est probable que les propriétaires et les habitants avaient eu le temps d'abriter et de cacher ce qu'ils avaient de plus précieux et de plus important, dans les caveaux et les souterrains du château, que les murs abattus par le canon ont plus tard recouverts.

Il y a différentes versions sur l'origine de ce château, mais ce qui en reste aujourd'hui me porte à croire que la tour a été construite au onzième ou douzième siècle; d'après Schœpflin, ce serait aussi à cette époque que l'histoire aurait parlé la première fois de la famille des Geroldseck des Vosges, qu'il ne faut pas confondre avec les Geroldseck de Souabe, dont l'origine doit remonter jusqu'à Charlemagne et qui ont également fourni des noms à l'histoire de l'Alsace, entre autres cet évêque guerrier, Walther de Geroldseck de l'Ortenau, qui occupait longtemps le siége de Strasbourg et était constamment en guerre ouverte avec cette ville.

Les Geroldseck des Vosges étaient, dès les premiers temps, les avoués (*Schirmvogt*) de l'abbaye de Marmoutier, c'est-à-dire il existait entre cette abbaye et les chevaliers une convention qui obligeait ces derniers à prêter au couvent l'appui de leurs armes séculières, si ses intérêts l'exigeaient. Il est en effet très-concevable que dans ces temps de guerre et de force brutale, les hommes d'Église se soient adressés aux hommes de guerre pour avoir leur protection; par contre ceux-ci obtenaient plusieurs concessions de droits féodaux sur les possessions du couvent. C'est ainsi que les chevaliers de Geroldseck avaient droit de chasse et de pêche dans toute l'étendue de la marche de Marmoutier; les villages faisant partie de la seigneurie de Geroldseck avaient droit de prendre des bois de construction dans les forêts, droits de parcours et de pâture pour leurs bestiaux, et, par contre, ils fournissaient aux seigneurs et à l'abbaye les gens de guerre en cas d'attaque.

La famille des Geroldseck paraît n'avoir habité le château que jusqu'à la fin du treizième siècle, mais elle y entretenait une garnison commandée par des chevaliers, ses vassaux. Il paraît encore que les droits seigneuriaux sur la marche de Marmoutier prirent plus tard un caractère plus étendu, car il résulte d'anciennes chartes conservées aux archives que les évêques de Metz l'avaient donnée aux Geroldseck à titre de fief masculin.

La famille s'était alliée à plusieurs autres de la noblesse environnante et s'était divisée en plusieurs branches et lignes, qui se partagèrent les possessions. Le dernier héritier masculin était Volmar de Geroldseck, qui mourut en 1390 ; après sa mort, ses possessions furent partagées en deux parts, dont la moitié revint au chevalier Erhard de Wangen et à Rodolphe d'Ochsenstein, oncles par alliance du défunt, et l'autre moitié fut concédée en fief par l'évêque de Metz au comte Henri de Lützelstein.

Au quinzième siècle, la famille Wangen de Geroldseck était propriétaire du château, mais n'y résidait point. La garnison, commandée par un chevalier Sébastien d'Andlauck (Andlau ?), se permit des exactions et des brigandages, et entrava surtout le commerce, en attaquant les voyageurs sur la grande route. Ces faits, souvent répétés, provoquèrent une attaque contre le château de la part de l'évêque Robert ou Ruprecht, duc de Bavière, conjointement avec le duc de Lorraine, à la suite de laquelle le grand château fut pris. Sur les promesses les plus formelles de s'interdire à l'avenir des faits du même genre, on pardonna à la garnison. Mais l'habitude était contractée, et quoique le chevalier d'Andlauck y mît plus de précautions pour qu'on ne le reconnût point, les nombreux pillages qu'on lui imputait attirèrent sur lui une nouvelle guerre. Il faut bien croire que ses brigandages étaient devenus une calamité publique, lorsqu'on voit le nombre de seigneurs qui prirent part à la lutte contre lui. A leur tête marchèrent Philippe, comte du Palatinat, les deux évêques de

Worms et de Spire, Jean et Louis, le comte de Hohen-
lohe, prévôt d'Alsace, les comtes de Solms, d'Isenbourg,
d'Eberstein, de Hanau, de Bitche, de Linange, etc. On
assiégea le château pendant six semaines, et il ne fut
pris que lorsque les canons et les couleuvrines eurent
renversé tous les murs. La garnison était composée de
21 lansquenets et chevaliers commandés par Sébastien
d'Andlauck et Bernard, bâtard de Geroldseck, plus 91
paysans.

La prise du château eut lieu en 1486; depuis cette
époque il n'a plus été relevé; près de quatre siècles
déjà, la tour, moitié ruinée, affronte seule les orages
et les vents, et attend le moment où elle aussi s'affais-
sera, minée par le temps et la vieillesse, le moment où
ses débris se mêleront aux débris qui l'entourent et
l'attendent, semblables aux faibles enfants qui ont précédé au tombeau le chef de la famille.

La tradition nous a légué une anecdote intéressante
se rattachant aux propriétaires de ce château; la voici:

Dans une des nombreuses hostilités qui, au moyen
âge, surgissaient à tout propos entre les chevaliers,
Walther de Geroldseck avait remporté une victoire
complète sur le seigneur de Lützelhardt; généreux autant que brave, il avait non-seulement point abusé
de sa victoire, mais même accordé son amitié à son
ennemi de la veille. A partir de là, une intimité ami-
cale s'établit entre les deux familles, et toute inimitié
avait cessé.

Le seul plaisir des barons féodaux, lorsque la guerre
ne les occupait point, était la chasse, et Walther surtout

était réputé pour un chasseur intrépide et adroit. Depuis plus de deux ans, il vivait en parfaite harmonie avec tous ses voisins, et plus que jamais il s'adonnait à son plaisir favori; négligeant les moindres précautions, il allait seul à la forêt ou peu accompagné, et une fois le gibier lancé, Walther le suivait avec toute l'ardeur d'un Nemrod consommé. C'est ainsi qu'un beau jour il partit pour la chasse et ne revint plus. Ses quatre fils le cherchèrent partout, visitèrent les endroits les plus reculés des montagnes, parcoururent les forêts, interrogèrent les vassaux, prirent des renseignements auprès des châtelains des environs, mais sans succès et sans résultat; Walther avait disparu. Parmi les chevaliers des environs qui prirent le plus de part au malheur qui venait de frapper la famille de Geroldseck, se fit surtout remarquer celui de Lützelhardt. A la première nouvelle de la disparition de Walther, il était accouru; il dirigea les recherches et montra une telle douleur, que l'on admirait généralement l'amitié qui le faisait agir. Quelques années se passèrent ainsi et l'on pensa généralement que Walther avait eu un accident à la chasse et avait été dévoré par les loups.

Un jour se présentèrent aux portes du château de Geroldseck deux hommes dont les vêtements étaient déchirés et portaient les marques d'efforts faits pour grimper ou descendre des murs. C'était Walther, accompagné d'un ancien serviteur de sa famille; conduit en présence de sa femme et de ses fils, il eut toutes les peines du monde pour se faire reconnaître: cet homme, courbé par les horreurs et les privations de la prison, ne pouvait être le vigoureux baron Walther, qui affrontait les fatigues avec tant de résolution ; sous cette figure pâle et amaigrie, cachée par une barbe en désordre, ne pouvaient se deviner les traits heureux et bienveillants de l'époux et du père perdu ! Cependant, après quelques explications, la reconnaissance fut parfaite, et Walther fit le récit suivant :

« Je chassais le daim dans la forêt de la marche, longtemps inutilement, lorsque je vis, du haut du Rappenfels, un cerf majestueux qui se désaltérait dans la Bærenbach ; je descendis dans la vallée avec précaution et en silence, lorsque je vis le cerf tourner la tête, humer l'air un instant, dresser les oreilles et partir avec la rapidité de l'éclair. Je lançai mon coursier à pleine carrière à sa suite, lorsqu'arrivé à l'endroit d'où j'avais vu partir le cerf, sept hommes d'armes, la visière baissée, s'élancèrent hors du fourré pour me barrer le passage. Je voulus arrêter mon coursier, mais au même instant il tomba, mortellement frappé par un coup de lance ; les hommes se jetèrent sur moi, me lièrent les pieds et les mains, après m'avoir bâillonné et bandé les yeux, et me gardèrent dans le fourré le plus épais jusqu'au soir. Alors commença pour moi un voyage rapide qui dura trois nuits ; je ne pouvais faire moi-même aucune observation, puisque j'avais les yeux bandés ; mais notre marche commençait chaque fois au commandement d'une voix qui disait : « La nuit est là ; « en route ! »

« Je sentais venir le matin à l'air frais, au réveil des oiseaux, et à peine ces premiers bruits se manifestaient,

que la même voix commandait: «Halte! le jour com-
«mence.» Alors l'on me dirigeait soit dans une grotte,
soit dans une forêt épaisse, où l'on m'ôtait le bâillon,
pour me faire manger et boire, sans me délier les
mains, et bientôt les fatigues de la nuit nous fermaient
les yeux.

« La quatrième nuit, je fus introduit dans un château,
et quelques minutes après, un homme me délia les
mains, me débanda les yeux et m'enleva le bâillon;
j'étais arrivé dans ma prison.

« J'avais conservé l'espoir que l'ennemi qui me trai-
tait ainsi viendrait se repaître de mes souffrances, et
que je connaîtrais au moins l'homme qui se vengeait
de moi d'une manière aussi lâche; mais personne ne
vint; j'étais réduit aux conjectures les plus vagues!
Vainement je voulus lier conversation avec le geôlier
qui m'apportait ma nourriture; il restait plus muet que
les murs qui m'entouraient et qui répétaient au moins
mes soupirs!

« Cependant, un jour, le silence de mon cachot fut
interrompu par les sons du cor de chasse; je distinguai
parfaitement la fanfare des Geroldseck. Vous dire quels
sentiments elle m'inspira est impossible! Je me repré-
sentai le château de mes pères, les riantes vallées à ses
pieds, les montagnes boisées, la profondeur des forêts,
où autrefois je guidais mon noble destrier! Un instant,
au son de ce cor, je me retrouvai libre et heureux, pour
retomber dans un abattement plus complet.

« Le soir, je ne pus m'empêcher de demander à mon
geôlier, à qui depuis plus d'un an je ne parlais pas,

pourquoi j'avais entendu l'air de chasse des Geroldseck ?
A cette demande, cet homme parut frappé, me regarda
d'un air étonné en me disant : « D'où connaissez-vous
« cet air ? »

— « Je le connais, lui répondis-je, parce que c'est
« moi qui l'ai enseigné à ceux qui en font retentir les
« échos des montagnes ; parce que je suis Walther de
« Geroldseck, lâchement trahi par un ennemi inconnu ! »

« A ces mots, les jambes de ce brave homme fléchirent ;
il vint se jeter à mes genoux, me demandant pardon
des rigueurs dont il avait été l'instrument innocent ; il
me dit qu'il est un de mes vassaux, que depuis cinq ans
il est attaché au château de Lützelhardt, dans lequel je
me trouvais et que c'était le baron de Lützelhardt qui
était l'ennemi par ordre duquel je me trouvais enfermé. »

A cet endroit du récit de Walther, un cri général
d'indignation s'éleva parmi ses quatre fils et les domestiques présents ; l'aîné s'élança vers la fenêtre, saisis-
sant le cor, et aux accents sauvages que sa colère en
arracha, l'on vit en un instant tous les varlets et lansquenets du château se précipiter dans la cour, pour
connaître les ordres du maître.

— « A cheval ! à cheval ! lances et arbalètes, piques,
« haches et massues ! tout le monde aux armes ! »

Et se retournant, il dit à ses frères qui, électrisés
autant par l'indignation qui les avait saisis que par les
paroles guerrières de leur aîné, s'étaient précipités sur
leurs boucliers et leurs épées :

— « Cuno, va chercher la garnison de l'autre château !

« Jean, descends à Hægen et amène tous les vassaux !
« toi Othon, soigne les machines de siége ! Le soleil ne
« se couchera point sans que notre père soit vengé ! »

Tous alors allèrent à la besogne qui leur était assignée,
pendant que le père finit de raconter à sa femme que le
matin même de cette journée il était parvenu à se sauver de sa prison, avec l'aide de Luithart, son compa-
gnon, au moyen de filets de chasse dont ils avaient fait
une échelle de cordes, qu'ils avaient attachée aux créneaux du château dans un endroit non surveillé.

Le soir, toute la troupe se trouva inopinément devant
le château de Lützelhardt, qui fut emporté par surprise
et détruit par le feu ; les murs en furent rasés et leur
maître trouva la mort sous les débris fumants.

La destruction fut si complète, qu'aujourd'hui toute
trace de ce château a disparu.

PETIT-GEROLDSECK

est le troisième château qui se trouve sur cette montagne. De même que le Grand-Geroldseck, il occupe un mamelon plus élevé; sa base repose sur un rocher granitique; ses ruines sont recouvertes par la végétation; les mûriers sauvages y entrelacent leurs jets épineux; les fougères et la mousse ont gagné la cour d'honneur; les bouleaux ont établi leurs avant-postes jusque dans le centre du château et jusque sur la vieille tour peu élevée qui forme le point culminant de l'ancien manoir.

Ce château, construit évidemment à une époque postérieure que le Grand-Geroldseck, n'a rien d'intéressant ni sous le rapport historique, ni sous le rapport pittoresque : son histoire s'identifie avec celle du grand château; ayant constamment appartenu au même maître, il a suivi toutes ses phases. Quant à la vue, elle est la même que sur les deux autres châteaux, et d'habitude les promeneurs n'y vont que pour pouvoir dire qu'ils y ont été. Pour quelqu'un qui aime la solitude, la promenade rêveuse, les frais ombrages sous les halliers, cette promenade a certainement des charmes; aussi j'engagerai toutes les personnes qui veulent passer une matinée agréable à visiter les trois châteaux et à descendre ensuite à gauche, c'est-à-dire vers le sud, dans le village de Hægen, agréablement situé entre des vergers et des champs cultivés; une auberge assez bien

tenue leur fournira l'occasion de voir, d'en bas, les
trois châteaux, trônant sur la montagne, dans les
nuages, comme la trinité protectrice des anciens vassaux. Un chemin agréable conduit en trois quarts
d'heure à Saverne; en longeant la base de la montagne,
il traverse un joli bosquet de jeunes hêtres, de l'autre
côté duquel on retrouve la garenne pour rejoindre le
chemin du matin ou bien un des trois autres chemins
qui inclinent vers la gauche et conduisent tous à Saverne.

GRAND VIADUC
de la Walck.

TUNNEL,
sous le Château de Lutzelbourg.

LA VALLÉE DE LA ZORN

ET LUTZELBOURG.

C'était par un après-midi des derniers jours d'avril que nous quittâmes Saverne, pour parcourir la vallée de la Zorn, qui présente aujourd'hui un si grand intérêt, tant par les beautés naturelles qui lui sont propres, que par les grands et immenses travaux d'art qui y ont été exécutés.

Le temps était magnifique et nous disposait tous à ce sentiment indéfinissable de bien-être qui circule dans les veines de l'homme à la naissance du printemps; la nature paraît se réveiller, et sous mille formes, sous mille couleurs, elle manifeste la vie intérieure. Les boutons des arbres, à moitié éclos, laissent émaner leur odeur; le vert gazon, caressé par les rayons obliques du soleil, s'émaille d'amourettes, d'anémones et de primerolles. Par ci, par là, un lézard, au regard vif et intelligent, se prélasse au soleil contre une pierre et se sauve à regret à notre approche; le frelon et les abeilles font, en bourdonnant, leur ronde infatigable, pour rapporter aux quartiers d'hiver les prémices du plus pur suc des bruyères; les oiseaux chantent sur les branches leurs mélodies diverses; à leurs concerts se mêle le son des clochettes suspendues au cou des vaches et des chèvres broutant l'herbe, gardées par des enfants qui se réunissent à la fête générale par leurs chansons et l'air des flûtes champêtres fabriquées avec l'écorce du saule. La montagne commence à perdre sa couleur brune et terreuse, que lui donnent les troncs et les branches dépouillés, pour revêtir le vert tendre des bouleaux et celui plus foncé des hêtres et des ormes.

Nous avions autour de nous toute cette nature si variée : devant nous, au premier plan, la forêt de sapins et de bouleaux ; au second, les chênes et les hêtres avec les montagnes qu'ils couronnent. Nous approchions de la scierie du Greifenstein, où la vallée de la Zorn se rétrécit et se partage en même temps en deux, pour former le Ramsthal à droite.

Cette excursion se fait sur la berge du canal de la Marne-au-Rhin, qui longe le pied des montagnes à gauche en entrant dans la vallée par Saverne. Le canal lui-même est formé d'un côté par les remblais des terrains enlevés à la montagne pour établir l'autre côté. A droite du canal, comme il a déjà été dit, se trouve la route qui, par Lutzelbourg, conduit à différents autres villages dans les montagnes ; à droite de cette route est la Zorn, à droite de la Zorn le chemin de fer.

Près de la scierie du Greifenstein se trouve jeté sur la Zorn un pont tout neuf, qui conduit sur le chemin d'exploitation des forêts du Ramsthal, du Schweizerhof et du Greifenstein ; il passe à niveau sur le chemin de fer ; nous le poursuivrons plus tard, en faisant notre excursion sur le Greifenstein. Sur la gauche, en face de la scierie, se trouve le cimetière de la population juive, qui a fait donner à la montagne le nom de *Judenberg*.

A partir de ce point, l'attention du visiteur est attirée par les travaux du chemin de fer, qui ne sont plus seulement de simples remblais, mais entament les rochers pour en faire disparaître les irrégularités et soumettre tous les obstacles à l'invariable niveau et à la permanente régularité de la direction. Tantôt l'on a détaché du pied de la montagne quelques blocs seulement, tantôt on a ouvert une tranchée pour le passage ; plus loin la montagne semble engloutir la voie ferrée, tandis qu'ici elle franchit la vallée et les ruisseaux, le canal et les torrents sur des voûtes hardies et solides. Partout l'on voit qu'à force de travail et de persistance le génie humain a vaincu des obstacles incroyables ; il a combattu sur terre et sous terre, dérangé les rivières de leur cours naturel qui le gênait, pour leur ordonner de soumettre leurs capricieux bonds à une ligne régulière, en leur creusant un autre lit maintenu par des bords en murs secs ; il a fait disparaître des montagnes entières, pour n'en laisser que ce qui pouvait lui être utile.

Passant à côté du joli moulin Ramspacher, que l'on ne peut regarder qu'avec plaisir, tellement il est coquet, on arrive, au bout de cinq minutes, au coude de la vallée, près de la Walk, où l'œil est surpris par un spectacle vraiment pittoresque. L'art et la nature se sont donné la main pour réunir sur ce seul point toutes les beautés artistiques et naturelles !

Le chemin de fer, qui jusque-là était à notre droite, au pied des montagnes, passe dans une tranchée derrière la Walk, quitte le côté droit et franchit la largeur de la vallée sur un viaduc, obliquement placé sur six arches à plein-cintre, voûtées en biais et laissant passage au canal, à la route, à la Zorn et à un autre chemin d'exploitation de forêts. Malgré la solidité du travail, qui a un caractère monumental, l'exécution en est élégante, et non-seulement cela, les entrepreneurs Huck et Frensdorff ont trouvé moyen d'y mettre même de la coquetterie, en employant pour le corps du viaduc la pierre rouge du pays, et en appliquant aux bordures la pierre blanche tirée des carrières devant Phalsbourg. Cette construction a une hauteur de 8^m,60 sur une longueur de 128 mètres.

Ayant franchi la vallée, le chemin de fer s'enfonce dans les flancs de la montagne du Haut-Barr, à travers un souterrain de 308 mètres de longueur. La construction de ce souterrain a coûté la vie à cinq ouvriers, qu'un éboulement intérieur a écrasés. Laissons le convoi rouler dans la nuit de ces voûtes, et restons au soleil pour admirer ce que ce point surtout a de beau et de magnifique !

Le convoi est passé; montons les escaliers qui de la berge permettent d'arriver sur le viaduc, et, après avoir regardé les travaux gigantesques de la tranchée et la voûte béante qui vient d'engloutir le convoi, redescendons de l'autre côté sur le canal. A quelques pas plus loin se trouve une maison éclusière, à côté du pont-canal. Là le canal, exécutant en sens inverse le même

mouvement que le chemin de fer, quitte le côté gauche
de la vallée pour venir longer le côté droit, en passant
sur la Zorn; ce passage s'exécute sur un pont assis sur
trois arches, au bout duquel le canal entre dans une
écluse, avec une chute de 1^m,50 environ. Ce travail,
exécuté par les entrepreneurs Muths et Perrin, est solidement fait et mérite l'attention du visiteur. Le chemin
de voiture exécute également son changement de direction et passe sur le canal, au moyen d'un pont assez
élevé, pour venir prendre la gauche du canal. Ainsi
donc, dans l'espace de cinq cents pas, on a le spectacle
curieux que voici: le canal passant sur la Zorn; le
chemin passant à son tour sur le canal et la Zorn;
le chemin de fer passant sur la Zorn, le canal et le
chemin; le tout pour aller d'un côté de la vallée à
l'autre.

Ce sont là de véritables travaux de paix, destinés à
relier les nations par l'échange des biens que la nature
a versés à pleines mains sur la terre, par un échange
où chacun donne et chacun reçoit, et où tout le monde
profite. Mais, pour arriver à ce résultat, il faudrait aussi
que nous ayons la véritable paix, la paix de la fraternité, cette paix qui permet de voir un autre réussir
dans ses entreprises sans que l'envie nous ronge, et
non cette guerre lâche, à la sourdine, avant-coureur
de la guerre civile, qui tue les relations commerciales,
ruine les populations dans un marasme lent et contagieux; cette agitation sourdement fomentée par quelques hommes pervers, qui, rongés par l'ambition,
veulent être tout et partout, qui veulent tout pour eux

seuls, qui engloutiraient tout, sans jamais avoir assez! C'est à ces harpies que la société est redevable du malaise qui la travaille! Chaque jour, le peuple des travailleurs se rend compte plus clairement du sentiment d'abord incompris et caché, que la nation ne guérira point de sa maladie sans un changement dans les conditions de la société, sans un changement social. Et malheur au gouvernement qui laisse passer de pareils symptômes sans y réfléchir mûrement! trois fois malheur à celui qui croit les vaincre par la force!

Il n'y a pas de lieu mieux choisi pour avoir devant soi la preuve que les idées marchent sans se laisser captiver ni arrêter, que le point de la vallée de la Zorn où nous nous trouvons. Au haut des montagnes qui nous entourent de toutes parts, les ruines des vieux châteaux nous parleront de leur force et de leur splendeur, mais seulement par le souvenir encore! Leurs maîtres étaient là, pareils aux oiseaux de proie, surveillant, du haut de leurs donjons, la plaine et les vallées; rapides et terribles comme la foudre, ils tombaient sur les voyageurs du commerce, leur enlevant et ballots et bijoux! La *force* a cessé, les donjons sont tombés; mais l'*idée* qui animait le porte-balle du quinzième siècle a survécu, et c'est elle qui, toujours vivace, se creuse un passage sous ces donjons en ruines où jadis on avait prétendu la renfermer.

Après être sorti du premier tunnel, le chemin de fer continue, sur des remblais de cinq à six mètres de haut, et traverse une nouvelle tranchée près de la maison forestière La Plump, pour franchir la Bærenbach sur un petit pont solidement voûté et sur le grenier d'eau de l'usine de la Stammbach.

A l'entour de cette usine se groupent d'autres maisons, au nombre de cinq ou six, et forment ainsi une première halte pour les promeneurs, qui y trouvent des rafraîchissements. On quitte la berge du canal, pour traverser, sur un pont rustique, le torrent de la Zorn, et un peu plus loin, celui de la Bærenbach, qui rejoint en cet endroit le premier.

Il paraît que ce point était anciennement occupé par un établissement romain, car, en creusant le canal, on a trouvé et mis à jour une certaine quantité de tombeaux, des armes de toutes espèces, des boucliers, etc., mais, autant que je me rappelle, pas de monnaies.

L'usine de la Stammbach était tout simplement une scierie, qui dépendait de la marche et servait à son exploitation, ainsi que d'habitation au forestier. L'un des prédécesseurs du propriétaire actuel de la maison servant aujourd'hui d'auberge, doit avoir rendu un service signalé à l'abbaye de Marmoutier, car il a été investi du droit de prendre tous les ans vingt chênes à son choix dans l'étendue de toute la forêt et de les débiter en planches ou madriers à la scierie. La bonne femme qui me raconta cette particularité m'assura qu'elle se rappelle parfaitement bien avoir entendu offrir à son grand-père une forte somme pour le rachat de ce droit, sans qu'il ait voulu consentir. « Et main-« tenant, ajouta-t-elle avec un soupir, la révolution « nous a enlevé le droit et ne nous a rien donné du « tout ! »

La scierie a été transformée en marteau pour laminer le fer, par l'infatigable activité du sieur Henri Orth, qui a dû céder son entreprise et son établissement aux commanditaires du Zornhof, dont l'envahissante industrie ne souffre aucune concurrence, si petite qu'elle soit. Le monopole industriel est ombrageux, s'alarme facilement et fait une guerre ouverte ou ténébreuse aux petits qui, sans le capital, essaient de l'acquérir à force de peines et de travail; et lorsqu'il est parvenu à ruiner l'homme de la concurrence, le haut commerce se frotte les mains, se pâme d'aise et se flatte d'avoir fait une bonne affaire!

Le chemin de fer entre, au delà de la Stammbach, dans une nouvelle tranchée, traverse le chemin de Hildenhausen et se précipite dans un nouveau souterrain d'une longueur de 482^m,20.

Un peu avant le souterrain, la vallée se rétrécit et fait un coude vers le nord-ouest. Pour conserver les quatre voies de communication, il a fallu construire un mur très-épais et solide, pour soutenir les remblais du chemin de fer, qui est très-élevé en cet endroit et dont la base aurait été beaucoup trop large pour laisser de la place au chemin, à la Zorn et au canal; il est assez curieux de voir ces voies tourner autour de la montagne que couronne le Rappenfels, et former autant d'arcs de cercles concentriques, pour suivre ensuite la nouvelle direction.

Ainsi que je l'ai dit, le chemin de fer entre dans un souterrain d'environ un demi-kilomètre, mais il ne serait pas aussi long, si l'on n'avait pas, vers son milieu à peu près, construit une voûte à l'endroit d'une petite vallée intermédiaire et large de 30 mètres environ, où la voie sortait d'un côté pour rentrer immédiatement dans la montagne en face. Les travaux pour garantir les deux entrées auraient été beaucoup plus coûteux que la voûte que l'on a construite et au-dessus de laquelle se trouve une cheminée pour entretenir un courant d'air et en faciliter le renouvellement.

Les débris de pierres que l'on a retirés de ces voûtes ont comblé la petite vallée dont j'ai parlé ; mais la source qui y coulait s'est frayé un chemin au travers des pierres et des sables, et continue à rouler son filet argenté vers les eaux de la Zorn, qui l'absorbent.

De nouveau, le chemin de fer sort de la montagne, parcourt environ cent mètres à découvert et rentre encore dans un souterrain de 395^m,50 de longueur.

A l'entrée de ce souterrain se trouve une barraque, qui sert d'habitation à un des surveillants des travaux, qui tient également auberge. De là, la vallée fait encore un coude et prend la direction de l'ouest ; elle s'élargit beaucoup ; vous êtes arrivé à la frontière du Bas-Rhin ; vous entrez dans le département de la Meurthe.

A droite, une petite vallée conduit à la Roche-Plate et aux Barraques-de-Chêne, hameau que l'on traverse pour arriver à Phalsbourg. En face de l'ouverture de cette vallée se trouve encore un pont-canal pour laisser passer en dessous les eaux qui affluent de la vallée pour se jeter dans la Zorn.

On retrouve, un peu plus loin, quelques champs cultivés qui indiquent le voisinage d'un village, et, en

effet, quelques blanches maisons apparaissent, Lutzelbourg est devant vous. Après avoir tourné un léger
coude que forme le chemin, l'on aperçoit le plateau
formé par d'immenses rochers, sur lequel est construit
le château de Lutzelbourg ; ce sont des ruines encore
imposantes, dominées par deux tours élevées, dont
l'une, placée en avant du plateau, paraît avoir servi à
la surveillance des environs. Directement au-dessous
de l'autre tour s'ouvre un nouveau souterrain pour le
passage du chemin de fer.

Pour arriver sur la montagne que domine le château,
il faut prendre le petit sentier qui serpente entre les
rochers et part à côté du souterrain. L'on est étonné de
voir des champs cultivés entre ces masses de pierres et
de rochers ; mais partout où un peu de terre végétale a
pu faire concevoir l'espérance d'une récolte, les bras
infatigables du montagnard ont créé un champ. Arrivé
sur la hauteur, l'on voit que toute la surface avait été
occupée par les constructions ; les traces des fondations
que nous avons remarquées nous ont donné un curieux
renseignement. La tour du milieu est en forme de
pentagone ; à chacun de ses cinq côtés s'attachait une
construction qui allait rejoindre le mur d'enceinte, de
sorte que le château avait la figure d'une étoile à cinq
rayons, dont le centre était la tour du milieu. La seconde tour encore existante était construite à l'extrémité d'un de ces rayons, et il est permis de supposer
que chacun des quatre autres était également terminé par une tour. Le mur d'enceinte n'était point
régulier, mais suivait en tout point la configuration du

rocher, sur l'extrême limite duquel il était construit. Dans l'intérieur du mur de la tour du milieu se trouve un escalier secret, par lequel on arrivait dans les appartements supérieurs.

La vue est belle, mais trop restreinte, le château étant dominé par les montagnes environnantes, à l'exception d'une petite échappée vers l'ouest, qui permet de jeter un coup d'œil dans les plaines de la Lorraine.

Au bas du rocher se trouve le village de Lutzelbourg, qui respire un air de gaîté, de bonheur tranquille et de propreté indiquant l'aisance. Comme but de promenade des habitants de Phalsbourg, Saverne, Sarrebourg et autres lieux environnants, le village possède des auberges confortables; on n'y est pas trop chèrement nourri, le vin est assez bon et les aubergistes très-prévenants. Nous sommes descendus chez M. Jespère, d'après une recommandation donnée; toutefois je vais compléter les renseignements reçus, en disant qu'on est très-bien chez cet aubergiste, mais que, pour ne pas payer trop cher, il ne faut point manger de truites; si vous mangez des truites, M. ou Mme Jespère vous fera un compte qui allégera votre bourse. Vous êtes avertis!

Le château et le village de Lutzelbourg appartenaient anciennement aux seigneurs de ce nom, à titre de fief mouvant de l'évêque de Metz. L'histoire de la Lorraine contient plus d'une glorieuse page où figure le nom des seigneurs de Lutzelbourg; il est même des personnes qui soutiennent qu'ils ont une origine commune avec les comtes et ducs souverains de Luxembourg, et que ce n'est que par la longueur du temps que le changement de nom s'est produit.

D'après sa construction, il remonterait au milieu du douzième siècle, mais il doit avoir existé longtemps avant, car à cette époque Étienne de Bar, évêque de Metz, qui est mort en 1163, l'avait reconquis, avec l'appui de Frédéric Barberousse, sur Matthieu, duc de Lorraine, qui lui-même s'en était emparé après la mort de Hugues, comte de Metz. Lorsque Étienne de Bar en était redevenu le maître, il le fit rebâtir, parce que, à la suite des différents assauts qu'il avait soutenus, il était presque tombé en ruines. Sa position favorable pour défendre le passage d'Alsace en Lorraine en faisait une forteresse importante.

Même avant l'époque dont nous parlons ici, l'existence de ce château nous est révélée par une contestation à son sujet entre Pierre de Lutzelbourg et l'abbaye de Marmoutier, sur le territoire de laquelle il est situé. Le seigneur de Lutzelbourg soutenait qu'il en avait acquis la propriété en échange du prieuré de Saint-Quirin, tandis que l'abbaye de Marmoutier prétendait être propriétaire de Saint-Quirin par suite d'une donation faite en leur faveur par le comte Louis de Dabo, grand-père du pape Léon IX. Ce qu'il y a de certain, c'est qu'à partir de la fin du onzième siècle, les évêques de Metz en étaient les maîtres et le conféraient à titre de fief.

Après la mort d'Étienne de Bar, le comte de Saarwerden s'en était emparé, et en fut chassé par Thierry de Lorraine, évêque de Metz, mort en 1181, qui le fit rentrer sous la domination de l'évêché.

Plus tard, après différentes négociations, les terres et le château de Lutzelbourg furent mis sous la haute domination des ducs de Lorraine. Lorsque l'Alsace passa sous la domination de la France, Louis XIV avait un intérêt à maintenir une communication avec cette province pour le passage de ses troupes, c'est pourquoi, par le traité de Vincennes, passé entre lui et le duc Charles IV de Lorraine, en 1661, Phalsbourg et les dépendances de Lutzelbourg furent cédés à la France, et en 1718 le château de Lutzelbourg lui fut abandonné à perpétuité. L'on ignore à quelle époque le château fut abandonné.

Les armes de la maison de Lutzelbourg étaient d'or au lion d'azur, écartelé et vairé. La maison est éteinte depuis le quinzième siècle, mais il existe encore des branches latérales.

En remontant toujours le cours de la Zorn, on arrive, en suivant la vallée pendant trois quarts d'heure, à un autre viaduc construit pour le chemin de fer; il repose sur cinq arches en pierres de taille, et lutte de solidité et de masse avec les rochers en face. Là, le chemin de fer se jette à droite, pour prendre la direction du grand souterrain d'Archewiller; il quitte la vallée de la Zorn, pour aller vers Sarrebourg. Le canal de la Marne-au-Rhin passe sous la seconde arche, pour prendre l'autre côté de la vallée.

En suivant la vallée de la Zorn, on arrive au hameau

dit Schæferhof, dépendance de Dabo ; une chapelle, placée sur une butte, et quelques maisons éparses à ses pieds, un moulin qu'active la Zorn, des prairies émaillées de fleurs, des filets d'eau descendant des flancs des montagnes donnent à cette partie de la vallée un aspect calme et pastoral, qui est peut-être l'origine du nom du hameau, situé un peu plus haut. Sur la gauche de ce petit village l'on aperçoit, perché sur une montagne, pareil à une forteresse, le village de Hasselbourg. Poursuivant le chemin, on arrive dans une demi-heure à Dabo. Mais, comme ce chemin est le plus long, en partant de Saverne, nous n'entrerons pas encore dans ce village ; car je me propose de conduire le lecteur par une autre route, qui sera tout aussi intéressante, puisqu'elle nous fournira l'occasion de voir le château d'Ochsenstein et quelques autres particularités du pays.

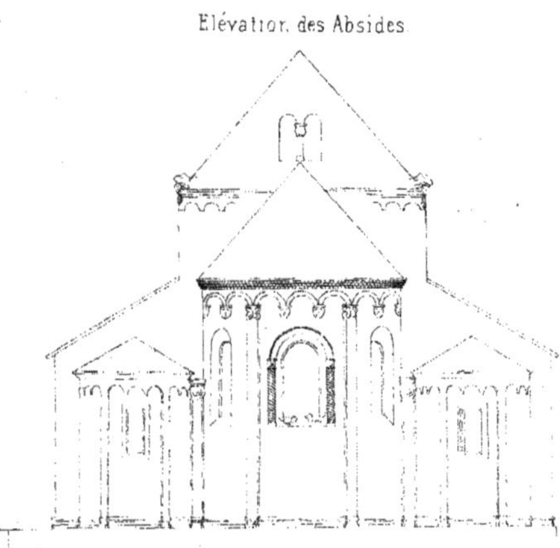

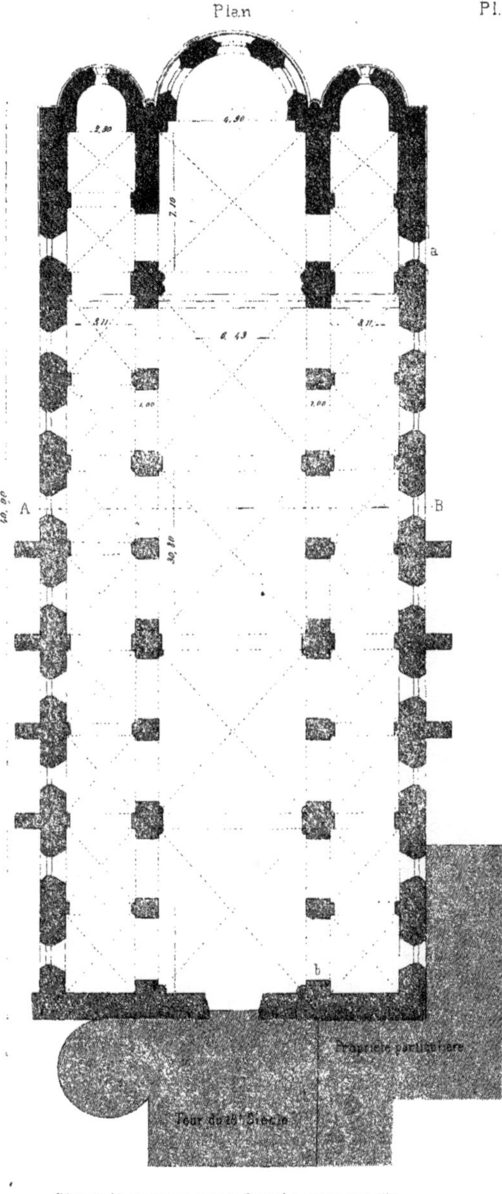

Echelle du Plan de l'Elévation et de la Coupe à 0.005 pour un Mètre.

EGLISE BYZANTINE de St JEAN des Choux.

Maestio, Architecte fecit.

St JEAN DES CHOUX
et la Chapelle de St Michel.

SAINT-JEAN-DES-CHOUX.

Vers le côté nord-ouest de Saverne l'on aperçoit, à mi-côte d'une montagne à sommet plat et régulier, deux villages agréablement situés; les vignobles, les prairies, les vergers qui entourent cette montagne à la base, font contraste avec les rochers nus, la fougère et les broussailles qui garnissent les flancs supérieurs, et les arbres centenaires qui en occupent le sommet. Ce sont les villages d'Eckartswiller et de Saint-Jean-des-Choux.

Pour arriver à ce dernier village, qui est le plus intéressant, à cause de son église et de son ancien couvent, on sort de Saverne par le nouveau quai du canal, côté gauche, l'on suit le chemin de Monswiller, en traversant le chemin de fer et le pont jeté sur la Zorn, et au bout d'un quart d'heure on arrive à Monswiller, lieu de pèlerinage très-renommé. Cet endroit est principalement habité par des ouvriers forgerons ou serruriers, qu'emploie la manufacture de grosse quincaillerie du Zornhof, située à quelques pas du village, entre le canal de la Marne-au-Rhin et le chemin de fer. L'usine est mise en mouvement par un canal qu'alimentent les eaux de la Zorn. Elle a plusieurs dépendances situées le long du canal, la scierie anciennement Zanino, l'ancien moulin Darcourt, transformé en forge et en aiguiserie, plus bas une autre aiguiserie, qui me rappelle un bien douloureux souvenir :

En 1837 vivait au Zornhof un employé nommé Hervé, mon ancien frère d'armes ; heureux de la protection de M. de Guaita, il coulait des jours paisibles entre sa femme, son enfant et les devoirs de son état. Un jour, des actionnaires de la fabrique vinrent visiter l'établissement ; Hervé leur servait de guide. Pour leur donner une idée de la force motrice, il fit jouer toutes les eaux sur une meule et eut l'imprudence de se placer devant, sa montre à la main, pour compter les rotations. La meule, mue avec une rapidité incroyable, emportée par la force centrifuge, éclata, renversa Hervé, qui fut saisi par les engrenages, et son corps broyé arrêta la roue. On le retira, sans qu'il eût perdu connaissance ; il avait la cuisse droite littéralement broyée, la jambe gauche brisée, le corps couvert de blessures, et, malgré cela, son courage ne l'abandonna point. Il ordonna lui-même qu'on écartât sa femme ; c'est moi qui fus chargé de ce triste soin ; et, une heure après, il avait cessé de vivre. Pauvre Hervé ! Il dort, solitaire et éloigné de sa famille, sur le cimetière de Monswiller, lui qui rêvait encore un si bel avenir !

Le lendemain, on redescendit du toit de l'aiguiserie un éclat de meule qui pesait trois quintaux et demi, et qui avait traversé le plafond et le toit de bas en haut, pour s'arrêter sur le toit, son poids, en retombant, n'étant point assez fort pour l'enfoncer de nouveau.

L'établissement principal du Zornhof est composé

d'une grande quantité de bâtiments, occupés par les différents ateliers; plus bas se trouve encore une succursale connue sous le nom de *Rondellmühl.*

L'usine est la propriété d'une société en commandite, Goldenberg et Cie, dont M. Goldenberg, aujourd'hui député du Bas-Rhin, est le directeur. Elle occupe un grand nombre d'ouvriers.

L'église de Monswiller n'a rien de curieux, si ce n'est les tableaux *ex voto*, qui en garnissent l'intérieur et qui ne brillent point par l'exécution artistique.

On quitte Monswiller, pour aller directement à Saint-Jean, sur un chemin vicinal peu à peu ascendant, qui traverse des champs bien cultivés, des prairies bien arrosées et des vignes exposées au midi et garanties du vent du nord.

A l'extrémité nord du village se trouvent les bâtiments de l'ancien couvent et la belle église byzantine, dont je donne le plan et les détails.

L'église paraît être du dixième ou du onzième siècle; son plan est une imitation de ceux des basiliques romaines. Les trois nefs sont séparées entre elles par des arceaux reposant sur des piliers de forme carrée; chaque nef est terminée par un chevet hémicirculaire. La face extérieure des absides présente les proportions les plus régulières et des dessins vraiment élégants. Le socle porte une large et belle moulure; le couronnement est décoré d'un ornement à triples billettes, disposées en damier, reposant sur des pendentifs terminés par des têtes d'hommes et d'animaux. La fenêtre du milieu est ornée de colonnettes, striées horizontalement de lignes brisées et ondulées. A la naissance du pignon de la nef se trouve, de chaque côté, une grosse gargouille en pierre de taille, représentant un monstre tenant entre ses pattes une religieuse. Dans l'intérieur, qui est horriblement badigeonné, se trouvent plusieurs ornements en pierre et en fer fort remarquables; je recommande surtout le ferrement de la porte et le support du bénitier.

L'église est consacrée à saint Jean-Baptiste, et les religieuses du couvent suivaient la règle de saint Benoît. Le Père Laguille place la fondation du monastère dans le commencement du douzième siècle et l'attribue aux comtes de Lutzelbourg. Cette assertion est évidemment erronée, démentie qu'elle est par une inscription qui se trouve au-dessus de la porte de la tour de l'église et qui date du septième siècle. En second lieu, le style de l'église, qui est du plus pur byzantin, assigne à sa construction au moins deux siècles de plus, et l'on ne peut admettre que déjà à sa naissance la communauté ait pu disposer de fonds assez considérables, pour entreprendre une pareille construction.

Les religieuses étaient autrefois sous la direction de l'abbé de Saint-Georges, monastère de la Forêt-Noire; plus tard elles étaient sous la direction de l'abbé de Marmoutier et sous la dépendance des évêques de Strasbourg.

Le monastère fut brûlé pendant la guerre de trente ans et reconstruit en 1651. Au commencement de la révolution de 1789, une bande de brigands lui livra assaut, le pilla complétement et força les religieuses à

ÉGLISE d'HERBITZHEIM.

se réfugier dans Saverne. J'ai relaté à l'article de Saverne les différents faits qui ont rapport au village.

Il existait anciennement, aux environs de Saint-Jean, deux villages : Mackenheimweiler et Volkensweiler ; ce dernier était situé à l'entrée de la vallée vers le nord. Il ne reste plus aucun vestige ni de l'un ni de l'autre.

Au-dessus de Saint-Jean et sur la montagne contre laquelle le village est adossé, se trouve une chapelle dédiée à saint Michel.

J'engage tous mes lecteurs à ne pas manquer de faire le petit pèlerinage à cette chapelle ; ils en seront largement récompensés. On prend le sentier à côté du cimetière de Saint-Jean, et, après quelques pas, on trouve les marches en pierre de taille de l'escalier qui conduit à la chapelle ; cependant, en beaucoup d'endroits, ces marches ont disparu. L'ascension se fait à l'ombre d'une forêt de châtaigniers, par un sentier tortueux et un peu raide ; mais bientôt, au travers des chênes qui, dans les régions élevées, remplacent les châtaigniers, on aperçoit les rochers couverts de mousses grisâtres, qui garnissent la cime de la montagne. Après un petit effort on arrive au pied de ces rochers ; là on retrouve un escalier en pierres de taille, qui en facilite l'accès et conduit jusqu'à la porte de la chapelle.

Cette chapelle fut fondée par Pierre, comte de Lutzelbourg, en 1126, et il est probable que l'auteur cité plus haut a confondu la fondation de la chapelle avec celle du monastère. La partie de la face située vers le nord est byzantine ; le reste date du dix-septième siècle, où elle fut agrandie par le prévôt d'Eckartswiller. Elle était le point de réunion d'une grande congrégation, sous le patronage de l'évêque de Metz et de celui de Strasbourg; une grande partie de la haute noblesse de l'Alsace y était affiliée; leurs réunions avaient lieu le jour de Saint-Michel et finissaient toujours par de grandes fêtes.

Pour jouir de la vue, il faut avancer, vers le nord, à l'extrémité de la montagne, qui est formée d'une roche nue et dégarnie de végétation : l'œil peut errer au loin sur les immenses plaines de l'Alsace; il se repaît de l'aspect de cette vallée immense, renfermée entre deux grandes chaînes de montagnes, traversée par les reflets argentés des flots du Rhin, de ce fleuve majestueux qu'un poëte mercenaire voulait accaparer pour l'Allemagne seule. Il chantait, dans son extase factice :

« Ils ne l'auront pas, le Rhin libre et allemand ! »

Que vous en semble, de votre bravade, à l'heure qu'il est? Les peuples du Rhin, à bout de patience, ont chassé leurs princes oppresseurs! Leurs députés sont à Paris, pour implorer la protection de cette France que vous braviez! Elle n'a qu'à étendre la main pour l'avoir, ce Rhin libre et allemand! Le voudra-t-elle?

Un paysage, entouré de montagnes boisées, sillonné de rivières, parsemé de villages, étale devant vous des plaines riches de culture et de produits; des forêts d'arbres fruitiers de toutes espèces entourent les villages et les fermes, et contre les montagnes s'adossent les pampres de la vigne. Les produits de cette campagne font la richesse de l'Alsacien; c'est la beauté et la bonté du pays qui l'attachent à son sol et le font revenir d'outre-mer, pour terminer sa vie agitée au sein de cette belle nature qui vit son enfance.

Au loin se dresse majestueusement la flèche élégante de la cathédrale d'Erwin, éclairée par un rayon du soleil couchant, qui semble à regret quitter le sol qu'il fructifie.

Un grand rond, taillé dans le roc à l'extrémité de la montagne, paraît avoir été primitivement l'emplacement d'un temple druidique. Au-dessous de ce rocher est une grotte de quinze mètres de profondeur; on y arrive en redescendant l'escalier et en longeant un petit sentier au bas du rocher. Elle était autrefois habitée par un cénobite; elle est vaste et spacieuse, tapissée de verdure et de mousse; la nature seule en a fait les frais, sauf un banc taillé dans le roc, au fond. Elle s'ouvre vers l'orient; un trou pratiqué dans le côté nord-ouest entretient l'air et empêche l'humidité; au milieu de la grotte et taillé dans le roc se trouve un trou d'un pied de profondeur sur cinq pieds et demi de longueur, ayant la figure d'un cercueil; c'était le lit du cénobite.

La légende fait de cette grotte le séjour des sorcières, qui, de là, envoyaient sur les campagnes la grêle, les maladies, la peste et autres afflictions du genre humain.

LE CHATEAU D'OCHSENSTEIN
ET DABO.

Pour aller au château d'Ochsenstein, qui est situé à deux lieues de Saverne, on suit le chemin du Haut-Barr; on laisse ce château à droite, ainsi que les deux Geroldseck, suivant toujours le sentier sur le haut de la montagne. On arrive à une maison forestière située à l'endroit dit *Schœferplatz;* là se présentent trois sentiers. L'un prend à droite et conduit, au bout d'une demi-heure, dans la vallée de la Bærenbach, où, arrivé, on tourne à droite pour rentrer dans Saverne, à gauche pour arriver à la scierie et à la maison forestière de la Bærenbach. Le second sentier à gauche conduit aux villages de Saint-Gall et de Reinhardsmünster. Le troisième, qui se change en chemin de voiture, continue tout droit et conduit, au bout d'une demi-heure de marche, à un sentier qu'il faut suivre à droite. A cet endroit vous voyez, au travers des branches des vieux arbres, les rochers abruptes que couronnent les débris de l'ancien manoir. On descend dans une petite vallée et, ayant atteint l'issue de la forêt, l'on est agréablement surpris de trouver, au milieu du désert, une oasis charmante, des terrains cultivés, des vergers, des jardins et les maisons d'une jolie ferme. C'est le Haber-

DABO.

acker, ferme appartenant à **M. OEsinger**, de Strasbourg. Le nom de *Haberacker* ferait croire à peu de fertilité du sol ; cela peut avoir été ainsi il y a quelques années, mais aujourd'hui que l'exploitation est dirigée par un fermier habile, les récoltes sont magnifiques, du moins leur aspect était tout à l'éloge du cultivateur et de la bonté du sol.

Nous voilà donc au pied d'un de ces rochers immenses que le chevalier féodal aimait à choisir pour son castel ! Pareil à l'aigle, il lui fallait l'air pur des montagnes, le roc solide et inaccessible pour sa défense ! C'est que sa vie était une lutte incessante, une guerre continuelle, où la force et l'adresse remportaient la victoire. Et ils étaient de noble race, de puissante lignée, les comtes d'Ochsenstein qui perchaient sur ces rochers ! Aujourd'hui cet amas confus de rocs crevassés et fendus en tous sens nous paraît inaccessible ; l'on a de la peine à se persuader que de nobles châtelaines aient pu demeurer dans cet endroit sauvage. Mais si ces constructions avaient toujours pour principal but la sûreté de la défense, elles n'en excluaient point pour cela la commodité et même l'élégance. Si l'on veut s'en convaincre, on n'a qu'à faire une excursion au château d'Offenbourg, dans l'Ortenau, qui a été restauré d'après l'ancien plan et meublé dans le goût et le style des treizième et quatorzième siècles. Sans doute, chaque baron n'avait point la fortune assez indépendante pour prétendre à une égale splendeur ; mais tout est relatif, et les comtes d'Ochsenstein étaient alliés aux plus nobles familles d'Alsace.

Le château ne présente plus aujourd'hui que peu de ruines; quelques vestiges de tours et de murailles, c'est là tout ce qui en reste. Le château avait trois parties, ou plutôt il y avait trois châteaux sur les trois rochers qui surgissent de la montagne et qui étaient reliés par des constructions intermédiaires et des fortifications et ouvrages avancés; les fentes et crevasses des rochers étaient unies et présentaient une face régulière, par suite des maçonneries dont il reste encore des traces. La véritable forteresse paraît avoir été placée sur le rocher occidental, qui présente, vers la ferme, un mur naturel et à pic d'une élévation d'au moins soixante mètres; là, il reste encore des murs très-épais et des tours massives, pour attester l'importance des constructions qui étaient élevées sur ce roc. La vue s'étend de ce point sur les plaines de l'Alsace et sur celles de la Lorraine, qui se déroulent à gauche et à droite du château.

L'on ignore l'époque de la fondation du château d'Ochsenstein; mais déjà en 1165, Louis, seigneur d'Ochsenstein, s'était fait remarquer au tournoi de Zurich; en 1209, Georges d'Ochsenstein était au tournoi de Worms. Dans le treizième siècle, la famille des Ochsenstein s'allia aux maisons des landgraves de Hesse, des margraves de Bade, des comtes de Katzenellenbogen, et même l'un des membres de la famille, Guillaume d'Ochsenstein, eut pour épouse la fille de Rodolphe de Habsbourg; il en naquit un fils, nommé Jean, qui, plus tard, fut évêque de Strasbourg.

La seigneurie d'Ochsenstein avait pour confins le

comté de Dabo , la seigneurie de Geroldseck , la marche
de Marmoutier et l'évêché de Strasbourg. Outre ce domaine , les comtes d'Ochsenstein possédaient plusieurs
fiefs relevant de l'Empire , des évêchés de Metz et de
Strasbourg , et de l'abbaye de Klingenmünster.

Le lecteur comprend, dès lors, que les seigneurs
d'Ochsenstein devaient jouir d'une grande considération
et que , dans les guerres féodales de ces temps , leur
appui ou leur inimitié importait aux parties belligérantes. Aussi , lorsqu'on vit flotter leur bannière rouge,
avec l'écusson blanc surmonté de la tête de bœuf, aux
cornes menaçantes , les alliés poussaient des cris de
victoire , les ennemis se comptaient.

Othon d'Ochsenstein avait pris parti, dans la guerre
d'Adolphe , empereur romain , contre le duc Albert
d'Autriche , pour ce dernier ; il s'était réuni à l'évêque
de Strasbourg , Conrad de Lichtenberg , et à beaucoup
d'autres seigneurs , pour repousser les troupes du seigneur de Hohenstein , landvogt d'Alsace , qui avait pris
parti pour l'empereur. Trompant la surveillance de ses
adversaires , Walther de Hohenstein se présenta inopinément devant le château , s'en rendit maître et le rasa
complétement en 1284.

La même année eut lieu la bataille qui décida de la
couronne d'empereur romain entre Adolphe et Albert ;
elle fut livrée aux environs de Worms , près d'un endroit nommé Gellheim. Le combat dura presqu'une
journée entière , et Othon d'Ochsenstein , qui y prit une
part très-active , n'y fut point tué , mais mourut étouffé
sous le poids de son armure.

En 1370 éclata une nouvelle querelle entre la famille d'Ochsenstein et la ville de Strasbourg. Les soldats de cette dernière ville s'emparèrent du château, qui avait été reconstruit, et y mirent garnison. Cependant, après quelques semaines, ils trouvèrent que la dépense était trop forte et ruinèrent le château complétement, avant de le quitter.

Le 9 juin 1386 eut lieu la fameuse bataille de Sempach, où la noblesse allemande fut défaite d'une manière si complète par les Suisses. Parmi les quatre cents nobles dont les cadavres jonchèrent le champ de bataille, se trouva Jean, fils du comte Rodolphe d'Ochsenstein, qui fut enterré dans le couvent de Kœnigsfeld.

Le château d'Ochsenstein avait été pris en 1385, pendant l'absence de Jean, dont nous venons de parler, par un seigneur Wernher de Ramberg, qui sut s'y maintenir jusqu'en 1391, époque à laquelle les frères Rodolphe et Ottmann d'Ochsenstein s'en emparèrent de nouveau. Ils firent prisonnier le sire de Ramberg et le forcèrent à renoncer à tous ses prétendus droits.

En 1440, Cunégonde d'Ochsenstein fut mariée à Henri, comte de Deux-Ponts, bailli de La Petite-Pierre, et Georges II, comte d'Ochsenstein, épousa la sœur du comte Henri. En 1450 ce Georges eut une querelle avec le comte Jacques de Deux-Ponts; mais le combat en champ clos qui devait s'ensuivre à Wissembourg n'eut pas lieu, par suite du refus du comte Georges. En 1452 il fut fait prisonnier par Jacques de Deux-Ponts et Louis de Lichtenberg, dans une guerre que ces derniers soutenaient contre le comte de Linange, qui fut également pris et enfermé. Ils gémirent tous les deux dans la prison jusqu'en 1454, où la ville de Strasbourg intervint en leur faveur et obtint leur élargissement.

En 1471 il fut de nouveau fait prisonnier par le seigneur de Fleckenstein, qui le retint pendant quelques mois et ne le relâcha qu'après s'être fait payer une forte rançon.

Georges II mourut en 1485, sans laisser d'héritier direct ; la seigneurie passa donc à son beau-frère, Henri de Deux-Ponts, seigneur de Bitche. Ce dernier eut un fils nommé Georges, son héritier, qui se retira dans un couvent de chartreux à Fribourg et transmit tous ses droits seigneuriaux sur Ochsenstein, sa part dans la ville et la marche de Marmoutier, ainsi qu'aux deux châteaux et seigneuries de Geroldseck, à son cousin Jacques, comte de Deux-Ponts. Celui-ci fit reconstruire le château d'Ochsenstein, mais eut la douleur de le voir devenir la proie des flammes lorsqu'il était à peine achevé. Le feu avait pris dans les bâtiments au pied du rocher, s'était communiqué par les cheminées, dans lesquelles il y avait du lard (*das Fewer ist inn etlichen Speck kommen*), aux constructions supérieures, et le château fut réduit en cendres. Les murs sont tombés, le temps et les orages l'ont depuis réduit à l'état dans lequel nous le voyons.

La seigneurie d'Ochsenstein passa plus tard aux comtes de Hanau-Lichtenberg, et en 1736 aux princes de Hesse-Darmstadt, qui, à la révolution de 1789, la perdirent, en furent indemnisés par le traité de Lunéville, et aujourd'hui elle appartient au domaine national.

Pour continuer la route sur Dabo, l'on prend à gauche de la ferme du Haberacker et l'on suit le chemin d'exploitation que l'on rencontre et qui conduit à la Hoube. A quelques pas de la ferme, le chemin devient ascendant et grimpe assez péniblement à travers les sables et par-dessus les rochers ; on rentre sous les branches touffues de la forêt, où l'œil ne voit que verdure et mousses ; de temps à autre une digitale pourprée, un muguet interrompent l'uniformité. Lorsque vous vous arrêtez pour respirer un peu, le silence de la forêt n'est interrompu que par le murmure de quelque source qui glisse sur les rochers, au fond des vallées que l'œil ne peut sonder, ou bien un léger vent, traversant les feuilles aciculaires des pins, vous envoie ces sons, mystérieux soupirs des forêts vierges, que Cooper décrit si bien.

Cependant vous êtes arrivé à la cime de la montagne ; à une hauteur très-élevée et quoique toujours entouré de forêts, leur nature a changé ; ce sont les houx aux feuilles toujours vertes et aiguës qui remplacent les chênes ; c'est le genevrier au bois odorant qui apparaît avec ses feuilles minces à côté du mélèze ; la mousse des troncs devient plus épaisse et plus blanche ; vous vous apercevez que le climat a changé à cette hauteur. Enfin vous sortez de ce labyrinthe d'arbres et vous entrez dans le hameau de la Hoube, dépendance de Dabo, dont il est encore éloigné d'une demi-lieue.

La Hoube n'a rien de remarquable, sinon sa situation élevée, la stérilité du sol, l'aspect des maisons disséminées sur le plateau et toutes revêtues et couvertes de bardeaux.

Pour arriver à Dabo, il faut encore descendre la montagne, traverser une petite vallée et remonter une petite hauteur, et vous voyez devant vous enfin la montagne de Saint-Léon, aux pieds de laquelle, mais toujours encore à une bonne hauteur, se trouve le village, dans une espèce de vallée, entre deux montagnes. L'endroit n'est point disséminé; les maisons se touchent, et la cause en est probablement de ce que, dans le temps de la féodalité, les habitants se rapprochaient autant que possible de la demeure de leurs seigneurs et protecteurs. Les tuiles sont inconnues dans le pays; les maisons sont garanties sur toutes les faces et couvertes par des aisseaux, ce qui donne au village un aspect gris-blanc qui contraste agréablement avec le vert du lierre qui tapisse quelques habitations. Quoique l'on soit dans la Lorraine, la population a gardé un type germanique; j'ai remarqué que surtout les enfants avaient les cheveux blancs-jaunes, couleur de lin, mais des figures bouffies de santé, ainsi qu'en général tous les habitants, qui paraissent robustes, gais et contents.

La montagne de Saint-Léon est cultivée jusqu'à moitié de sa hauteur. Sur le rocher où se trouve aujourd'hui une chapelle dédiée à ce saint, on jouit d'une vue délicieuse. On domine une vallée magnifique et même les cimes des montagnes inférieures, variant de couleurs selon l'essence des bois qui les couvrent, ou bien selon

la lumière qui les frappe ou les nuages qui passent ; des
prairies sillonnées par des sources, des champs cultivés,
des arbres fruitiers alternent et varient le tableau à
l'infini ; l'écho des montagnes renvoie, en les multi-
pliant, les airs des garçons conduisant au pâturage les
bêtes à cornes, les chèvres et les petits chevaux qu'on
n'attelle point encore. Au loin, à l'infini, se perdent,
dans un vague brumeux, les plaines et les étangs de la
Lorraine.

La famille des comtes de Dabo est très-ancienne ;
l'on pourrait peut-être affirmer qu'elle est la plus ancienne de l'Alsace, car il y a des chroniqueurs qui les
rattachent à la descendance du duc Attic, père de sainte
Odile. Leur juridiction s'étendait depuis la seigneurie
d'Ochsenstein jusqu'à la vallée de la Bruche, à l'évêché
de Strasbourg, au comté de La Petite-Pierre et de
Wasselonne.

Le premier comte de Dasbourg que mentionne l'histoire était Wolfgang, qui se distingua au tournoi de
Magdebourg, en 983.

Hermann de Dagsperg a figuré comme témoin dans
une transaction entre le comte de Linange et un comte
d'Ochsenstein, en 1028. Sigismond était au tournoi
d'Augsbourg, en 1080 ; Ehrenfried à celui de Cologne,
en 1165. Mais celui de la famille qui s'est le plus dis-
tingué, c'est Bruno Hetzel, comte de Dabo, élu évêque
de Strasbourg en 1048, et connu plus tard comme
souverain pontife, sous le nom de Léon IX. Il est né
à Dabo, du comte Hugues et de Hedwig, comtesse

d'Eguisheim, près Colmar; il décéda le 16 avril 1054. La ligne masculine des comtes s'est éteinte en 1225, par la mort d'Albert, fils d'Ulric. Le comté passa alors à Frédéric, comte de Linange, qui avait épousé Jeanne de Dabo, et le fils né de cette union, Geoffroy, devint la souche des comtes de Linange-Dabo, qui restèrent en possession de cette seigneurie jusqu'à la paix de Nimègue, en 1680, époque à laquelle elle a été réunie à la France.

Il est certain que les Romains avaient occupé non-seulement la montagne Saint-Léon, mais encore les hauteurs environnantes, car partout on trouve des traces de leur passage et de leur séjour.

Voici ce qu'en dit Dom Calmet : « A l'occident, au « pied des ruines de la forteresse, sont les vestiges des « anciens tombeaux des Romains ou des Gaulois païens. « On y remarque trois obélisques, deux entiers et un « cassé; l'un d'eux, taillé sans art et sans inscription, a « vingt-quatre pieds de haut; on les croit être d'anciens « monuments des Romains; aux deux côtés de cet « obélisque on remarque les bases de deux autres qui « sont détruits. De plus on y voit deux monuments re-« marquables, l'un taillé comme une espèce de pyra-« mide, avec une figure nue, à demi-corps dans une « niche, ayant à ses côtés comme des espèces d'arcs ou « de demi-roues; l'autre finit en carré ayant sur un côté « une inscription en lettres romaines. »

Je cite ce passage, parce qu'il m'a été impossible de retrouver une seule des pierres dont il est question.

J'ai effectivement vu quelques pierres tumulaires, mais ni leurs inscriptions, ni les figures qui y étaient taillées ne pouvaient me permettre une comparaison avec la description ci-dessus. Schœpflin a aussi vu des antiquités pareilles et a cru y reconnaître des dieux ou des demi-dieux des Romains. Il y a également sur le flanc occidental de la montagne les vestiges d'un ancien temple assez grand et d'une forme carrée.

Il existait anciennement deux châteaux de Dabo, l'un sur le sommet du rocher bizarre que couronne la chapelle de Saint-Léon, et l'autre sur le mamelon opposé, de l'autre côté du village, mais bien plus bas. Ce dernier avait été construit, dans le treizième siècle, par la branche des comtes de Linange-Dabo. On ne peut préciser l'époque de leur construction; il n'en existe plus même de ruines. En 1675 il y avait garnison lorraine, lors des guerres entre l'Autriche et la France; l'un des lieutenants de Turenne, qui tenait beaucoup à occuper une position aussi forte, avait entamé des négociations secrètes, pour la reddition du château, avec le commandant, lorsque le bailli en eut connaissance et le fit arrêter. Le vieux château, sur la montagne Saint-Léon, avait été, depuis quelques années, pour ainsi dire abandonné par son propriétaire, le comte Emich de Linange, et servait de refuge à des corps de partisans.

Le général Monclas envoya un détachement de troupes, pour s'emparer du château. A l'approche de ces troupes, quelques braconniers se retirèrent dans le château pour le défendre; ils résistèrent effectivement pendant plusieurs jours. Les troupes essayèrent alors de miner le rocher, mais les assiégés assommaient les travailleurs par des quartiers de rocs, malgré qu'ils eussent cherché à se garantir par des planches.

La confiance des assiégés alla au point qu'ils jetèrent aux assiégeants une chèvre morte, à laquelle ils avaient mis entre les pattes de devant une quenouille avec un billet qui portait : « Lorsque vous aurez enseigné à cette « chèvre à filer, vous serez maîtres de ce château ! » (*So wenig ihr die Geis lehrt spinnen, so wenig werdet ihr Dachsburg gewinnen !*)

Mais les Français avaient monté deux petites pièces de canon, avec lesquelles ils commençaient à battre les murs des fortifications d'en bas, qui garantissaient l'escalier par lequel on arrivait au sommet. Deux tourelles furent abattues, les éclats de murs volèrent au loin ; ce voyant, le bailli qui commandait la place se mit sous la protection française et accepta cent hommes de garnison. Le maréchal de Créqui vint visiter le château, y fit quelques changements et y mit une compagnie franche.

Deux années plus tard, le 23 novembre 1679, les Français abandonnèrent le château et le firent sauter. A sa place on a érigé une chapelle dédiée à saint Léon, laquelle a été consacrée par Mgr Forbin-Janson, évêque de Nancy, en 1825, avec un concours immense de clergé et de toute la population des environs.

L'affluence, dans cette occasion, était tellement grande, qu'il était impossible de se procurer des vivres ni à l'auberge, ni dans les maisons. « Une idée lumineuse

« nous passa par la tête, m'a dit la personne qui me
« racontait ces circonstances : nous quittâmes la pro-
« cession, qui se dirigea vers la chapelle, et nous nous
« adressâmes à la gouvernante du presbytère, en disant
« que nous viendrions pour le dîner, que nous voulions
« vitement rejoindre la procession, mais qu'après une
« trotte à cheval pendant trois fortes lieues de montagne
« notre estomac avait besoin d'un petit morceau de
« viande et d'un verre de vin, ce qui nous fut servi avec
« empressement. Contents de notre expédient, nous
« avons assisté avec plaisir à la solennité, et lorsque,
« plus tard, nous confessions notre larcin au bon curé
« Klein, il fut le premier à en rire et à nous absoudre. »

Pour s'en revenir de Dabo à Saverne, l'on peut, en
passant par le Schæferhof, descendre dans la vallée, ou
bien se faire indiquer le chemin de l'Engenthal, pour
revenir par Obersteigen, Reinhardsmünster, Saint-Gall
et Hægen, en longeant le pied des montagnes sur le
sommet desquelles on s'est promené le matin.

Il n'y a rien de curieux sur toute la route que le changement, pour ainsi dire à vue, des sites et des paysages.

A Obersteigen il faut remarquer l'église de l'ancien
couvent des Augustins, dont la construction remonte
au neuvième ou au dixième siècle.

A Reinhardsmünster, le petit ruisseau le Moselbach
se perd dans le flanc d'une montagne et ressort de
l'autre côté, près de l'église, ramenant, au bout d'un
quart d'heure, les objets qu'on y a jetés.

A un quart de lieue dans la vallée et au pied d'une

sombre forêt de sapins, vous vous trouvez dans l'endroit qui inspira à Schiller une de ses belles ballades : *La visite au marteau (Der Gang nach dem Eisenhammer)*. En effet, le marteau de forge fait retentir l'écho des montagnes de ses coups redoublés, les forgerons, noircis par la fumée, sont occupés à l'entour du four ; au dehors, à une distance d'un quart de lieue, la chapelle où Fridolin s'arrêta pour faire ses dévotions, pendant que Robert, impatient de voir sa vengeance réussir, alla subir son sort ; sur la crête de la montagne le manoir du comte de Saverne.

Après avoir rêvé un instant dans cette poétique vallée, on prend, au pied de la forêt de sapins du Buchberg, le chemin de Schwebwiller, et l'on rentre à Saverne par le petit hameau de Gottenhausen.

SAINT-VITE, GREIFENSTEIN.

Ceux de nos lecteurs auxquels les grandes excursions ne conviennent point, ont des promenades bien
agréables à la proximité de Saverne. Je leur recommande plus spécialement celles à Saint-Vite et au
château de Greifenstein; elles peuvent se faire dans la
même tournée et sans se fatiguer.

Dirigez-vous, pendant un après-midi, vers la scierie
à l'entrée du Ramsthal, et, après avoir passé le pont
sur la Zorn et le chemin de fer, tournez immédiatement
à gauche et suivez le sentier qui, d'abord un peu raide,
longe le chemin de fer, en le dominant de cinquante à
soixante pieds, s'en écarte insensiblement en entrant
à droite dans un taillis de chênes entremêlé de quelques baliveaux. Bientôt vous rejoignez un chemin d'exploitation qui conduit, en s'élevant peu à peu, à la ferme
de Saint-Vite. Ce chemin sablonneux continue à l'ombre
des arbres de toute espèce qui le bordent; le bou-
leau et le sorbier, le chêne et le sapin, le hêtre et le
tremble entrelacent fraternellement leurs branches,
pour former un dôme de verdure au-dessus de ce chemin, et abritent, à leurs pieds, les campanules, les
orchis, les myosotis, les muguets et une infinité d'autres
fleurs qui percent entre les bruyères et les fougères et

LE RAMSTHAL
et le Château de Greifenstein.

attirent les insectes de toutes espèces qui y prennent leurs ébats éphémères.

Plus loin, la forêt s'éclaircit, le taillis disparaît, et l'on traverse un bois de haute futaie, d'une venue magnifique. De temps à autre, le chemin, en faisant un coude, vous fait entrevoir sur la gauche le Haut-Barr ou le télégraphe, ou l'un des châteaux de Geroldseck, ou bien, à un éclairci plus grand, vous embrassez tous ces points en même temps. La disparition du taillis vous permet de remarquer la raideur des pentes de la montagne, tant en descendant à votre gauche qu'en s'élevant à votre droite; des blocs de rochers énormes paraissent vouloir se détacher des flancs de la montagne, d'autres ne semblent avoir été arrêtés dans leur chute que par les arbres auxquels ils s'adossent; ils se multiplient à mesure que l'on avance, leurs formes se compliquent, leurs poses chaotiques attestent la commotion immense qui doit les avoir secoués; ici, ils forment des auvents, là, des grottes, des voûtes, des ponts; tantôt jetés comme des tables ayant pour pieds les arbres qui ont poussé contre eux, ou bien, sortant obliquement de terre, ils forment avec elle un angle aigu, présentant ainsi aux pâtres un abri contre les orages.

Plus on approche de la grotte de Saint-Vite, plus les rochers abondent, plus leurs formes varient; on dirait qu'avant de former la grande grotte, le grand architecte de l'univers s'est essayé aux petites qui la précèdent. Entre les interstices poussent les noisetiers, les cerisiers sauvages, les sureaux, les églantiers et le mûrier sauvage; les fraises et les myrtilles percent à la base de ces rochers et ne contribuent pas peu à la visite de ces lieux, lorsque la saison permet d'espérer que ces rafraîchissantes baies peuvent être trouvées.

Enfin, à un nouveau détour du chemin, l'on passe sous un rocher énorme qui le surplombe, et l'on se trouve au pied de ce roc d'une seule pièce, dans le creux duquel se trouve la grotte de Saint-Vite; encore une vingtaine de pas et l'on arrive à l'escalier rustique qui conduit à la chapelle. A moitié hauteur du rocher s'ouvre béante une cavité de vingt pieds de large sur douze pieds de haut; elle se prolonge dans le fond à une profondeur de quarante pieds. La main de l'homme est restée totalement étrangère à sa formation; partout le roc brut tapissé de mousse; sur le devant de la grotte se trouve l'autel, qui est fidèlement reproduit par la planche ci-contre; l'entrée de la grotte est fermée par un châssis en chêne; devant se trouvent quelques bancs à la disposition des fidèles.

La grotte était habitée par un ermite que la ville de Saverne remplaçait, à son décès, par un autre. Ses pieuses fonctions ne le dispensaient pas de rendre à la ville les services que sa position lui permettait. Il était même obligé de prêter serment à la ville; les archives conservent la formule du serment de l'ermite du Hohlenstein. Elle n'a pas de date, mais M. Spach, l'archiviste de Strasbourg, la place au dix-septième siècle. L'article premier l'oblige à avertir le magistrat, lorsqu'il voit rôder aux alentours de Greifenstein ou de sa grotte des cavaliers, des fantassins ou toute autre personne suspecte; il lui est interdit de chasser, de pêcher, etc. Il a

droit au mort-bois ; il doit dénoncer les délits forestiers ;
il doit toujours avoir quelqu'un à la grotte pour ouvrir
la chapelle aux fidèles ; la surveillance de la chapelle
lui est spécialement recommandée, et si le bâtiment
éprouve des dégâts, il doit immédiatement avertir.

Cette dernière disposition nous prouve que l'ancienne
chapelle n'était pas dans la grotte où elle est aujourd'hui ;
effectivement la chapelle de Saint-Vite était construite
sur le rocher qui surplombe la route et qui est au-
dessus de la grotte. Il y a quelques années qu'il s'y
dressait encore un crucifix, mais il a également disparu.

Je ne sais pourquoi cette chapelle a été dédiée à saint
Vite ; mais il sera peut-être intéressant de mentionner
ici brièvement la légende concernant ce saint lui-même.

Dioclétien, ce bourreau des premiers chrétiens, l'a-
vait fait saisir et jeter dans une cuve remplie de plomb
et de poix fondus ; aucune brûlure, aucune douleur ne
se manifesta. Non content de cette première preuve de
la protection divine, le tyran le fit jeter dans la fosse
aux lions, mais ceux-ci vinrent lui lécher les pieds.

Les reliques du saint étaient conservées à Paris, et,
dans le neuvième siècle, elles doivent avoir été transportées à Corbie, petite ville de la Westphalie.

Les brûlures occasionnent des douleurs qui se ma-
nifestent par des contorsions, des convulsions, etc. ; il
paraît donc probable que la croyance populaire ou religieuse attribua à saint Vite le pouvoir de guérir les
convulsions, y ayant lui-même résisté d'une manière
aussi éclatante. C'est la foi dans ces guérisons miracu-

leuses qui, en 1417 et 1418, amenait à la chapelle de Saint-Vite les malades affectés de la *danse de saint Guy*. Voici la description de cette maladie, relatée dans la chronique de Kœnigshoven : « Beaucoup de centaines « commencèrent à Strasbourg à danser et à sauter, « hommes et femmes, aux marchés, dans les rues; « beaucoup d'entre eux ne mangèrent pas, ni jour ni « nuit, jusqu'à ce que la rage les eût quittés; le fléau « s'appelait danse de saint Vite. »

Viel hundert fiengen zu Strasburg an
zu tanzen und springen, Frau und Mann,
in offenem Markt, auf Gassen und Strassen,
Tag und Nacht ihrer Viel nicht assen,
bis ihnen das Wüthen wieder gelag :
St. Vitstanz ward genannt die Plag.

Les malades arrivèrent à la chapelle, où ils furent admis par groupes; chacun de ces groupes assistait à trois messes et faisait trois fois le tour de l'autel de la chapelle; j'ignore s'ils s'en allaient guéris subitement ou bien si la guérison ne s'opérait que lentement.

La même maladie se reproduisit en juillet 1518 et fut traitée de la même manière.

De nos jours, il y a encore des pèlerins qui s'y dirigent, surtout les femmes affligées de maladies hystériques, qui espèrent y chercher la guérison en déposant sur l'autel ou aux environs des crapauds en fer ; je ne saurais donner les motifs de cette croyance, ni assurer que le remède soit infaillible.

A l'entrée de la grotte existe une pierre sur laquelle

se trouvent les épitaphes de deux ermites morts dans la grotte, en 1651 et 1702.

Se dirigeant vers l'ouest, en sortant de la ferme de Saint-Vite, qui se trouve au-dessus de la chapelle actuelle, on arrive à ce qu'on appelle le Schweizerhof, autrefois une ferme, aujourd'hui maison forestière, entourée de terrains en culture, et dépendant de la ferme de Saint-Vite. Un peu plus loin que la maison forestière, à un endroit connu sous le nom de *Herrgott*, se trouvent des marques certaines d'anciennes habitations d'une grande étendue; les vestiges d'un vieux temple, des pierres tumulaires et autres témoignent de la présence des Romains. Il existait aussi sur ces hauteurs deux villages qui ne sont plus connus que de nom : Kaltwiller et Kœnigshoven.

Cette exploration n'a d'intérêt que pour les antiquaires; le chemin serpente sous les ombres épais de la forêt, sans jamais présenter de variation; je conseillerai donc à mes lecteurs, qui ne veulent point se casser la tête en cherchant à déchiffrer les inscriptions presqu'effacées qui se rencontrent par là, de prendre à droite, en sortant de la ferme de Saint-Vite, et de se diriger vers le nord-est, pour atteindre le vieux château de Greifenstein; un sentier peu battu y conduit au bout d'un quart d'heure.

Il est difficile de donner une description de vue générale du château de Greifenstein. La forêt qui l'entoure est tellement épaisse qu'on ne voit pas le château à trente pas; les arbres ont atteint une élévation prodigieuse et se sont emparés de tous les endroits praticables dans les cours, sur les murs, sur les créneaux, de telle façon qu'au lieu de murs et de tours, on ne voit, pour ainsi dire, que la forêt, que dépasse à peine la grande tour carrée qui, au loin, indique la présence du vieux castel.

Le château ou plutôt les deux châteaux de Greifenstein sont situés sur des rochers abruptes, escarpés et inaccessibles. Pour les isoler absolument de la croupe qui se prolonge vers les autres montagnes, les seigneurs de Greifenstein ont fait faire une tranchée dans le roc vif et ont ainsi transformé le seul côté abordable de leurs châteaux en un fossé de quarante à cinquante pieds de profondeur, dont les côtés taillés à pic ne permettent aucun moyen d'attaque. Au-dessus de cet abîme se trouvent les débris d'une tour carrée qui, de ce côté, ajoutait à la défense de la place. Elle paraît être la plus ancienne des trois, surtout à en juger par la porte supérieure qui y subsiste et qui n'a pas été voûtée, mais dont le haut est formé de pierres plates de très-grandes dimensions; ce genre de construction autoriserait la croyance à une origine romaine, croyance qui acquiert un grand poids par la présence de tant de restes de constructions romaines sur tous les sommets environnants. Les bâtiments qui avoisinent cette tour sont tellement en ruines qu'on ne saurait plus distinguer quelle a été leur destination; il en est de même d'une petite tour, qui a la forme d'un carré long ou d'un rhomboïde. Là paraît se placer le mur d'enceinte qui renfermait ce château; plus loin s'élèvent des masses de rochers, à travers lesquelles conduit une galerie étroite au second château, placé sur l'extrémité de la crête, et dans lequel se trouve la grande tour, mais qui menace ruine. Il est bon de constater l'épaisseur de ces murs, qui va quelquefois à douze pieds. Le bas des rochers est encadré de murailles qui relient ensemble les escarpements et paraissent avoir réuni les deux châteaux dans une seule enceinte.

Les armes des seigneurs de Greifenstein étaient un griffon noir, à bec et griffes rouges, sur champ de lait, une tête de griffon au cimier du casque.

La famille de Greifenstein est une des plus anciennes de l'Alsace; déjà en 1165 Ernest de Greifenstein était au tournoi de Zurich. Plus tard, les comtes figurent parmi les tenanciers des évêques de Metz et de Strasbourg. C'est ainsi qu'en 1316 l'évêque Jean de Strasbourg leur concéda en fief le village de Monswiller; en 1331 l'évêque Bechtold concéda à Eberlin de Greifenstein le village d'Ingenheim; un Hessmann de Greifenstein servit avec distinction sous Rodolphe de Habsbourg; Frédéric de Greifenstein fut tué à la bataille de Sempach, en 1385; les deux frères Gœtz et Clauss de Greifenstein ont figuré au tournoi de Strasbourg, en 1390. C'est à peu près à cette époque que paraît avoir commencé la décadence de la famille, car une partie du grand château fut engagée à Berthold de Wilsberg, en 1397. Le plus petit a dû être devenu la propriété des évêques de Strasbourg, car, en 1467, l'évêque Robert le céda à son frère Louis, comte palatin de Deux-Ponts.

Les deux châteaux devinrent, par la suite, la propriété des nobles Hofwarth de Kirchheim, qui les vendirent à l'évêque Albert, en 1516. Il est probable que peu après ces châteaux furent abandonnés.

Un sentier très-agréable descend vers Saverne, dont on aperçoit les blanches maisons à travers les arbres, et où l'on rentre au bout d'un quart d'heure de marche, à moins que l'on ne veuille relier à la promenade déjà faite celle très-agréable à la *Schlettenbach* et au *Saut-du-Prince-Charles*. En ce cas, au lieu de traverser le chemin de fer près de la scierie du Ramsthal, il faudrait prendre à gauche et suivre le sentier qui, au bas de la montagne du Kœpfel, se dirige vers Saverne, et une promenade de dix minutes vous conduit à la Schlettenbach. Mais, comme il est probable que les promeneurs iront de préférence par le chemin direct de Saverne, je me range volontiers à ce caprice et vais les accompagner par cette voie.

Après être arrivé à la dernière maison de Saverne, vers la côte et sur la grande route nationale, on prend à gauche, entre les haies vives qui ceignent les vergers magnifiques, bordant des deux côtés le chemin sablonneux et toujours propre qui conduit à la Schlettenbach, aujourd'hui la propriété de M. Ostermann, maire de Saverne.

L'aspect général de cette campagne a quelque chose de poétique et d'enchanteur. Entourée de trois côtés par les montagnes, la maison jaune, avec sa tourelle, se dessine sur le fond d'une mer de verdure, pareille à

un port enclavé par les rocs et garanti des vents ora-
geux, présentant un abri sûr aux vaisseaux battus par
la tempête; à gauche les flancs et les sommets boisés
du Kœpfel; au fond, les rochers sourcilleux du Saut-
du-Prince-Charles; à droite, la côte de Saverne, variée
de rochers, de prés, de sapinières, et sillonnée par la
grande route de Paris. Ce séjour respire un air de calme
champêtre, de retraite tranquille, créé pour servir de
lieu de délassement à l'homme qui veut oublier les tra-
casseries de la vie ordinaire des villes. Il y a quelques
vingt ans, ces prairies, ces vignobles, ces jardins, ces
étangs, ces promenades ombragées étaient encore une
vallée déserte, où les ronces et les épines étendaient
leur domination; le roc nu et des masses de genêts
attristaient l'œil par l'uniforme stérilité. Mais tout ce
désert a été transformé par la main créatrice de feu
M. Leclerc, conservateur des hypothèques à Saverne;
je ne puis donner une meilleure idée des peines qu'il
s'est données et de la persistance qu'il a mise dans cette
transformation, qu'en citant ici le compliment que lui
fit faire, en 1834, l'un de ses amis, par un rocher de
la montagne, qui, un beau matin, portait sur sa face
les vers suivants :

> Par Moïse et Cérès, par Pomone et Noé,
> Des Dieux rivaux, ici, le pacte est avoué.
> Leclerc! d'un long néant tiré par ton génie,
> Je renais au soleil. Ma tête rajeunie
> Va défier le siècle et citer aux humains
> Tes courageux travaux, vrais monuments romains.
> Que le ciel les protège et que les noirs orages
> Épargnent Schlettenbach, sa vigne et ses ombrages!

On aborde la campagne par une allée de vieux noyers ;
à droite se trouve une vaste et belle serre chaude, exposée vers le midi ; au-dessous de ce bâtiment en pierres
de taille se trouve une cave taillée dans le roc, pour
conserver le vin produit par le coteau au-dessus ; les
abeilles élevées dans les ruches trouvent une nourriture abondante sur les fleurs des environs. A gauche
on entre dans une cour ; une promenade plantée de
tilleuls garantit des rayons trop ardents du soleil ; les
rosiers, les jasmins, les clématites grimpent à l'envi le
long des murs de la maison ; les deux étangs fournissent des poissons et se prêtent à des promenades
sur l'eau ; le jardin potager fournit tout ce que l'horticulture peut faire espérer.

Je crois en avoir assez dit pour faire comprendre
que la Schlettenbach est un séjour charmant ; souvent
et bien souvent les sociétés s'y rencontrent, attirées
autant par la beauté champêtre que par l'accueil gracieux et bienveillant des propriétaires.

Après avoir dépassé la Schlettenbach, on entre dans
un sentier assez escarpé qui conduit, dans cinq minutes, au pied du rocher connu sous le nom du Saut-
du-Prince-Charles. Cet immense rocher se trouve au
bout d'un plateau et surplombe l'ancienne route qui,
de l'Alsace, conduisait en Lorraine.

La tradition rapporte que le prince Charles de Lorraine, poursuivi à la suite d'un combat qui s'était livré
aux environs, arriva, pressé de près, au bord de ce
rocher, que son intrépide destrier franchit d'un bond,
pour retomber, d'une hauteur de cinquante pieds, sur

un autre rocher, y imprimer la marque de ses quatre fers, rebondir de nouveau et porter son noble cavalier encore jusqu'à Saverne.

Dans ce rocher se trouvent deux inscriptions, portant, l'une : *L'évêque Guillaume de Strasbourg le second a fait faire cette route pour le bien général, en l'année* 1427.

L'autre porte : *En l'an du Seigneur* 1616, *au mois de mars, a été faite la large ornière sur cette route.*

C'est sous le règne de Louis XV que fut établie la nouvelle route pratiquée aujourd'hui, qui a partout une largeur de trente-six pieds, une pente égale, commode et douce, sur une longueur d'environ quatre kilomètres. Elle fut commencée en 1728 et terminée en neuf années; elle passe sur dix-sept ponts ou canaux, cachés à l'œil et pratiqués pour la dérivation des eaux.

MARMOUTIER.

La petite ville de Marmoutier doit son origine à la fondation du monastère, qui, prenant de l'importance et de la puissance, a engagé des colons à s'établir à l'entour.

Marmoutier est situé à six kilomètres de Saverne, sur la grande route de Paris à Strasbourg. Cet endroit en lui-même n'a rien de remarquable que l'église du couvent, mais aussi celle-là mérite toute attention.

Les anciens bâtiments du couvent sont tous aujourd'hui propriétés particulières; l'immense jardin des moines, encore aujourd'hui entouré d'un mur très-élevé, a également été partagé par lots vendus aux habitants.

On entre dans l'église de Marmoutier par un portique de style byzantin, du neuvième siècle environ, faisant face à la grande place du marché; la nef, à bas-côtés, est de style gothique, du treizième siècle, et le chœur date du dix-huitième siècle. Il porte à sa façade extérieure l'inscription suivante:

ChorVs Iste æDIfICatVs et ornatVs est aB anseLMo tertIo abbate.

Les grandes lettres indiquent l'année de la construction.

Le portique a une longueur de 20 mètres, et, jusqu'à l'entrée de la nef, une largeur de 13 mètres; il se compose d'un porche ouvert à trois arcades, supportées par deux colonnes à bases et fûts ronds avec chapiteaux cubiques; le tore inférieur de la base est terminé aux angles par des volutes qui remplissent la différence du cercle au carré du plinthe. Les chapiteaux sont ornés, sur chaque face, de dessins dont la composition est admirable, et l'exécution, quoique peu en relief, est très-bien soignée; chaque face présente d'autres dessins.

A côté du porche se trouvent deux massifs, dans lesquels sont pratiqués les escaliers pour monter aux étages supérieurs.

L'intérieur du portique est divisé en trois compartiments; celui du milieu est séparé de ceux des côtés par deux arceaux, supportés au milieu par une colonne; il est surmonté d'une tour carrée; les toitures des côtés et celle du porche se raccordent aux faces de cette tour et sont terminées par trois pignons couronnés d'une corniche à pendentifs. Les massifs des escaliers sont surmontés de tourelles octogones; les faces sont entrecoupées par deux cordons à moulures plates, avec pendentifs ornés de têtes d'hommes et d'animaux; sur le second sont établis les trois pignons formant frontons au-dessus du porche et des faces latérales.

La porte principale est ornée de colonnettes légèrement torses, couronnées de chapiteaux avec triples billettes, disposés en damiers, surmontés d'un archivolte dont l'angle est arrondi et strié.

La nef a une longueur de 34^m,60 sur 18 mètres dans

œuvre, bas-côtés compris. Les arceaux qui la séparent des bas-côtés sont à ogives soutenues par des faisceaux de colonnes gothiques; les voûtes sont ogivales avec nervures en pierres de taille. Les chapiteaux des colonnes sont ornés de feuillages disposés quelquefois de manière à présenter des figures humaines. Les culs-de-lampe des bas-côtés représentent des figures d'hommes et de femmes grotesquement posées et des animaux imaginaires, d'une composition ingénieusement bizarre.

Les contreforts et arcs-boutants, jetés par-dessus les bas-côtés pour soutenir les faces de la nef, sont d'un établissement très-hardi; leur naissance sur les murs des bas-côtés est surmontée de pyramides d'une exécution remarquable.

A l'extrémité de la nef, vers le chœur, se trouvent des transepts formant chapelles, également voûtées en ogives avec nervures.

Dans le chœur, le lambrissage en style grec est remarquable par les sculptures en bois, d'un travail délicat; surtout le siége de l'abbé et des autres dignitaires du couvent, qui sont placés entre deux colonnes formant troncs d'arbres palmiers, dont les branches se réunissent et s'entrelacent au-dessus du siége sous une couronne.

Il y a également quatre pierres tumulaires, mutilées lors de la révolution de 1789. Elles ont été placées en souvenir de Walther, seigneur de Geroldseck et d'Ettendorf, comte de La Petite-Pierre; de Guillaume, seigneur de Geroldseck, de Rathsamhausen zum Stein, de Berstætt et d'Ochsenstein; de Jean-Walther de Geroldseck, décédé en 1632, et d'Anastasie de Breitenlandenberg, femme de George-Théodore Wangen de Geroldseck, décédée en 1618.

Le territoire de Marmoutier et les dépendances de l'abbaye étaient plus spécialement désignés sous le nom de Marche de Marmoutier; le couvent est le plus ancien de l'Alsace. A sa fondation ce n'était qu'une cellule habitée par un pieux anachorète, du nom de Léobarde, qui s'y établit en 538. Sa piété, sa charité et ses autres vertus chrétiennes lui acquirent une grande réputation, et bientôt le roi Childebert II, qui séjourna souvent à Marlenheim, ayant entendu parler de l'habitant de la *Leobards-Zelle*, lui accorda en dotation un domaine assez étendu qui était connu sous le nom de *marcha aquiliensis,* qui, plus tard, fut transformé en celui de marche de Marmoutier. Cette dota·tion, qui comprenait plus de huit villages, des terres et des forêts très-étendues, permit à saint Léobarde, disciple de saint Columban, de commencer des constructions plus étendues. La cellule se transforma en couvent, peuplé bientôt de moines et mis sous le patronage de saint Martin, de saint Pierre et de saint Paul. De là, la dénomination de *Martinsleute* ou *Markleute,* donnée aux sujets de l'abbaye. Cette première construction du couvent se place en l'année 553.

Deux siècles plus tard, il eut pour abbé saint Maur, dont la réputation de sainteté attira l'attention du roi Thierry IV, qui augmenta considérablement les revenus et les richesses du couvent. C'est de cet abbé que vient le nom de Marmoutier, c'est-à-dire le monastère de Maur.

Un de ses successeurs fut le célèbre abbé saint Benoît d'Aniane.

Sous l'abbé Celse, en 827, le feu consuma tous les édifices, et l'abbaye aurait été réduite à la misère, si Louis-le-Débonnaire n'était venu à son secours, en la mettant sous la juridiction de l'évêque de Metz, Drogon, son frère naturel, qui se trouva alors disposé à la relever. Il fit reconstruire les bâtiments, et, pour y attirer les fidèles, il y fit transporter les reliques de saint Céleste et de saint Adintor ou saint Auteur. De nombreux pèlerins affluèrent alors, et la petite ville prit de l'importance, au point que vers le milieu du douzième siècle elle fut entourée de murs d'enceinte et de fortifications. Cependant, en 1469, ces murs furent détruits par le duc Nicolas de Lorraine, à son retour d'une expédition contre les seigneurs de La Roche, au Ban-de-la-Roche, qui avaient exercé quelques déprédations sur les terres de Lorraine. Les fortifications ont été relevées plus tard, mais ne purent défendre la ville contre les attaques des paysans, en 1525 ; le couvent fut ravagé, les maisons et les propriétés pillées, et ces forcenés allaient faire crouler l'église, à laquelle ils avaient déjà mis le feu, lorsque heureusement ils furent vaincus et chassés par le duc Antoine de Lorraine. Ces faits se passèrent sous l'abbé Caspar Riegger de Tillingen, dont l'histoire ne peut assez louer le caractère pieux et bienveillant ; après la défaite des paysans il revint dans le couvent avec ses moines, s'intéressa vivement en faveur des prisonniers faits par le duc de Lorraine et reconstruisit tous les bâtiments. Il mourut à l'âge de quatre-vingts ans, en 1557.

Les religieux du couvent suivaient la règle de saint Benoît. Ils avaient, outre l'administration de la paroisse du lieu, celle de l'abbaye des Bénédictines de Saint-Jean-des-Choux.

La ville et la marche (cette dernière comprenait les villages de Schwebwiller, Saint-Gall ou Waldshoffen, Hengwiller, Büren, Sindelshoffen, Lochweiler, Reutenbourg, Singrist, Salenthal, Dimbsthal, Hægen et Gottenhausen) avaient toujours des seigneurs à part, ne dépendant point de l'abbaye et que l'on appelait les *Markherren;* chacun de ces seigneurs était représenté par un bailli qui habitait la ville de Marmoutier et y exerçait l'autorité supérieure. Ces *Markherren* étaient : le duc de Lorraine, les comtes de Hanau, comme héritiers de la maison d'Ochsenstein, les seigneurs de Ribeaupierre, ceux de Wangen, comme héritiers des Geroldseck.

A un petit quart de lieue de Marmoutier, vers Saverne, se trouve, sur la gauche de la route, le village de Sindelsberg. On y voit encore l'église du couvent de femmes qu'y fonda, en 1115, l'abbé Richevin de Marmoutier. Le couvent fut détruit pendant la guerre des paysans; reconstruit plus tard, les religieuses se dispersèrent et les revenus furent accordés à l'abbaye de Marmoutier.

En suivant la route de Marmoutier à Saverne, l'on remarque sur la droite la ferme de M. Dédier. Intéressante sous tous les rapports, j'engage tout le monde à aller la voir, pour se faire une idée de l'ordre qui y règne dans l'organisation du travail d'exploitation, où prédomine une certaine discipline militaire, qui serait peut-être applicable avec succès à notre colonie africaine. Les ustensiles de labour perfectionnés sont mis en pratique; les machines les plus neuves, les semailles les plus belles, les bestiaux de trait et de charrue de la plus forte espèce sont employés et ne cèdent le pas qu'aux vigoureux garçons de labour et aux sémillantes gaillardes de la laiterie.

NEUWILLER
Temple protestant.

NEUWILLER, HERRENSTEIN, HUNEBOURG.

A deux lieues de Saverne, au pied des Vosges, se trouve Neuwiller. C'est une vérité incontestable et connue de toutes les personnes qui ont bien voulu y faire attention, que les anciens établissements religieux étaient, presque sans exception, construits dans les sites les plus pittoresques. Cette vérité trouve encore son application pour Neuwiller. Lorsque vous aurez dépassé Steinbourg et que vous serez sortis de la petite forêt qui domine la hauteur du village de Dossenheim, vous apercevrez, à une demi-lieue devant vous, les belles maisons blanches de la ville, apparaissant à cette distance comme le séjour favorisé d'une résidence princière; les tours de l'église, surmontées de statues en pierre, contribuent beaucoup à relever cet effet; à gauche se dresse la montagne que dominent les ruines du château de Herrenstein; au fond la vallée se prolonge le long de la chaîne des Vosges, jusqu'à Soultz et Haguenau, à droite les deux Bastberg; et toute cette étendue, riche en culture, en productions et en couleurs variées, forme un ensemble, un coup d'œil ravissants. Mais, comme pour faire contre-partie à ce riant tableau, on entre dans Neuwiller en laissant à droite le cimetière des protestants, à gauche celui des catholiques : Au milieu de la belle nature le tombeau, le dernier refuge du malheur, la fin de toute grandeur, des joies et du bonheur terrestres!

Du côté de Saverne, Neuwiller avait un faubourg, qui, seulement depuis une dizaine d'années, a perdu ce caractère par la démolition de la vieille porte à laquelle aboutissait ce faubourg. Le mur d'enceinte existe encore en majeure partie, mais surbâti; les fossés de fortification sont transformés en beaux jardins, qu'entretiennent quelques rentiers et officiers en retraite; du côté de la propriété de M. de Reissenbach on remarque encore une ancienne tour carrée qui a fait partie des fortifications.

Deux églises existent à Neuwiller, qui sont toutes deux dignes de remarque : l'église de Saint-Adelphe, aujourd'hui le temple protestant, et l'église paroissiale catholique.

L'église de Saint-Adelphe est de style byzantin et remonte au douzième siècle. Il y a quelques années que le chœur de cette église, qui était de style gothique, a été démoli pour cause de vétusté. La disposition du plan était la forme cruciale avec bas-côtés; aux deux extrémités de la face principale se trouvent deux tourelles rondes qui dépassent la naissance de la toiture; détruites par je ne sais quel accident, elles ont été reconstruites sur l'ancien plan par l'architecte Mæstlé, lors des réparations générales que réclamait la construction. La porte d'entrée, placée entre ces deux tourelles, est à plein-cintre, surmontée d'une rosace byzantine ; l'ensemble est simple et sévère et d'une symétrie parfaite. Elle était l'ancienne église paroissiale de la ville et fut consacrée à saint Adelphe, dont les reliques avaient été transportées, le 29 août 826, de Metz à Neuwiller, suivant les ordres donnés par Drogon, frère de Louis-le-Débonnaire, et étaient déposées dans l'église de Saint-Pierre et Saint-Paul. C'est dans le chœur de l'église, derrière le maître-autel, que se trouvaient les reliques du saint.

En 1496 le pape Alexandre IV incorpora cette église à l'abbaye, et l'église de l'abbaye devint la collégiale. Albert de Bavière était alors évêque à Strasbourg ; ce changement se fit avec son agrément et celui de l'abbé Hugo de Fegersheim et des chanoines de Saint-Adelphe. Les biens des deux églises furent réunis, le couvent fut sécularisé et l'abbaye crossée et mitrée.

Hugo de Fegersheim fut le dernier abbé du couvent et mourut en avril 1499.

Jean Vogt était le premier prieur et mourut le 5 juillet 1547. En 1563 l'église de Saint-Adelphe fut cédée aux protestants, mais le chœur où se trouvaient les reliques du saint fut séparé de l'église par un mur, et le service divin continua à y être célébré par les chanoines.

L'église de Saint-Pierre et Saint-Paul est de styles variés, suite de plusieurs reconstructions après les incendies qui, à différentes époques, l'ont endommagée. Le chœur, en prolongement de la nef principale, ainsi que les bas-côtés, sont de style byzantin ; les chapiteaux de plusieurs colonnes, ainsi que la porte de l'aile méridionale qui s'ouvre vers l'ouest, sont ornés de sculptures d'un goût et d'un travail parfaits. Les voûtes de la nef sont au tiers-point ; la moitié des colonnes et des arcs qui en sont supportés sont d'un style gothique ancien ; l'autre moitié, vers l'occident, est d'un style plus récent, mais encore gothique. La porte latérale, vers le nord, est d'une construction remarquable; un enfoncement garni de colonnettes minces et légères forme le porche, qui est recouvert d'un arc en plein-cintre. La face de l'entrée principale est de style moderne.

La chapelle Saint-Sébastien, adossée à l'église paroissiale, est une des plus remarquables de l'Alsace. Elle est à deux étages ; le rez-de-chaussée est voûté; l'étage forme trois nefs qui se terminent à l'orient par trois absides demi-circulaires; les colonnes qui supportent les pleins-cintres sont ornées aux bases et aux chapiteaux de sculptures représentant des griffons et d'autres animaux fabuleux entrelacés de branches d'arbres ou de fleurs et de feuilles qui les relient aux chapiteaux.

Par une porte cochère on arrive sur la grande place du chapitre, devant l'église de Saint-Pierre et Saint-Paul. Elle est entourée des bâtiments qu'occupaient les chanoines et les prieurs. L'ancien prieuré est la propriété de M. Feyler. Le milieu de la place est occupé par un vaste bassin en pierre de taille, ayant formé fontaine, mais elle ne va plus. Un jardin clos de murs cache d'une façon importune le côté nord de l'église.

Les armes des seigneurs de Neuwiller étaient un château rouge à trois tours, écartelé de jaune, avec cimier surmonté d'une couronne jaune et d'un château rouge, lambrequins rouge et jaune.

Georges de Neuwiller était au tournoi de Zurich, en 1165. Ulrich, chevalier de Neuwiller, vécut en 1346, Jean de Neuwiller en 1401. Ratramne, abbé de Neuwiller, vécut en 817 et était renommé comme auteur et comme théologien.

De nombreuses dotations augmentèrent la richesse de l'abbaye et la mirent à même d'acheter, en l'année 1070, l'église de Hochfelden, pour 200 livres d'argent et 5 livres d'or, de l'abbaye de Fleury, près d'Orléans, à laquelle le roi Henri III l'avait donnée.

En 1260, l'évêque de Metz, Jacques, fils de Frédéric II, duc de Lorraine, fit entourer la ville de fortifications.

En 1307, l'évêque de Metz, pressé d'argent, engagea la ville aux comtes de Lichtenberg, qui devinrent plus tard avoués de l'abbaye.

En 1321 il intervint une transaction entre l'abbaye et la ville, au sujet de l'entretien et de la réparation des fortifications. L'abbaye était tenue de fournir les bois nécessaires pour les ponts, les portes et les tours.

En 1337, Louis de Bavière, empereur d'Allemagne, accorda à la ville les mêmes franchises que possédait Haguenau. L'année après, le comte de Lichtenberg livra un assaut à la ville, la prit, la fit piller et se retira avec le butin sur le Herrenstein, château fort qui domine Neuwiller.

Lorsqu'en 1525 le duc Antoine de Lorraine avait vaincu les paysans près de Saverne, il détacha de son armée le comte de Salm, à la tête de 300 cavaliers et de 1500 fantassins, pour s'emparer de Neuwiller, appartenant alors au comte Philippe de Hanau, qui prétendait en être propriétaire, tandis que l'évêque de Metz, frère du duc Antoine, soutenait que l'évêché n'avait jamais renoncé à la propriété. La ville ouvrit ses portes, et les quelques révolutionnaires qui s'y trouvaient furent pendus.

En 1562, le comte de Hanau y introduisit la religion protestante.

En 1587, le duc de Bouillon vint en Alsace à la tête d'une forte armée et campa à Neuwiller et dans les villages environnants, dépendant de l'évêché. L'année suivante, quelques bandes de compagnies franches tentèrent de s'emparer de Neuwiller, mais furent vigoureusement repoussées.

En 1736 fut fondé le couvent des Franciscains par Catherine Nass.

Au cimetière des catholiques sont enterrés le duc de Feltre, qui y a un beau mausolée en marbre blanc; M. Scherb, ancien colonel de cuirassiers, et d'autres vieux militaires qui avaient choisi Neuwiller pour lieu de retraite.

Il y a quelques années, M. Mathis, ayant acquis la maison qu'habitait autrefois le doyen, a découvert que le bûcher de cette maison occupait l'ancienne salle du chapitre construite dans le plus beau style romano-byzantin; les deux planches que nous en donnons marquent les heureuses proportions de cette construction.

Une promenade agréable conduit aux ruines du château de Herrenstein ; le chemin est un peu escarpé ; mais, de même que tous les points culminants des Vosges, la vue variée dont on y jouit compense largement et fait oublier bien vite les peines de l'ascension. Au pied de la montagne s'étale la ville de Neuwiller, et bien d'autres villages apparaissent dans la plaine ; vers l'ouest, la vue se plonge dans les sombres vallées des Vosges, s'égare dans les sommets boisés et se perd au loin dans l'horizon vaporeux.

Les ruines du château sont de peu d'importance ; on n'en voit rien du tout de la plaine, mais leur emplacement est marqué par une maison moderne, dont les blanches murailles attirent l'attention. L'enceinte sert de clôture aux bâtiments d'exploitation rurale qu'y a fait construire M. Feyler ; utilisant toutes les dispositions des lieux, la chapelle gothique lui sert aujourd'hui de grange.

L'origine ou l'époque de la fondation du château est inconnue. Au commencement du douzième siècle il fut pris d'assaut par le comte Volmar de Hunebourg ; plus tard il passa sous la domination des comtes de Dabo, qui le tenaient en fief des évêques de Metz, qui l'habitèrent quelquefois dans le cours du treizième siècle. En 1380 ils l'engagèrent aux comtes de Lichtenberg et de Deux-Ponts-Bitche ; plusieurs familles nobles y eurent part, et ce château devint alors le repaire de ces chevaliers brigands, qui, du haut de leurs nids d'aigles, se ruaient dans la plaine pour piller et massacrer les voyageurs et les paysans. Ces déprédations devinrent si considérables, en s'étendant même sur les terres de l'évêque et de la ville de Strasbourg, que, pour y mettre fin, cette dernière, Haguenau, le landvogt et l'évêque de Strasbourg réunirent leurs forces, pour s'emparer du château. Alliant la ruse à l'audace, ils arrivèrent devant le château à minuit, pratiquèrent un trou dans le mur, sans que ni les sentinelles, ni la garnison s'en aperçussent, s'emparèrent du château sans coup férir, y firent prisonniers la garnison et dix chevaliers qu'ils emmenèrent à Strasbourg et qu'ils ne relâchèrent qu'après leur avoir fait payer une forte rançon.

La ville de Strasbourg remboursa à tous les seigneurs les avances par eux faites aux évêques de Metz et conserva la possession du château jusqu'en 1651, époque à laquelle il fut acquis par le général Reinhard de Rosen, pour 35,000 florins d'empire, en stipulant pour les sujets la liberté religieuse. Le château fut ruiné dans les opérations militaires qui suivirent la paix de Nimègue. La seigneurie passa, par alliance, dans la famille du prince de Broglie, qui s'y maintint jusqu'à la révolution, où elle fut vendue par la Nation à M. Feyler, qui en est encore propriétaire aujourd'hui, ainsi que de toute la forêt qui en dépend.

A une lieue du Herrenstein, dans la direction de La Petite-Pierre, se trouvait l'ancien château de Huncbourg. Il ne reste plus aucune trace de ce château, qui était situé sur un plateau très-élevé, environné de rochers à pic. Son nom indique une grande antiquité :

Hüne est l'ancien mot allemand désignant un géant et s'adaptait primitivement aux chevaliers portant des armures en fer d'un poids que ne pouvait supporter qu'un géant. Ce château appartenait plus tard aux comtes de Lutzelbourg et de La Petite-Pierre. La famille des Hunebourg a fourni un évêque au siége de Strasbourg, en la personne de Conrad, qui mourut en 1202. En 1370, les Strasbourgeois détruisirent le château, qui, plus tard, figure comme possession des comtes de Lichtenberg.

Le général Clarke, duc de Feltre, qui avait acquis le domaine de Hunebourg, a fait construire à grands frais un nouveau château, qui est bien déchu de sa gloire et de sa splendeur, ne servant plus que de logement au forestier.

LA PETITE-PIERRE.

Après avoir quitté Neuwiller par la pente de la montagne, la route conduit à Weiterswiller, à travers des
campagnes riches et fertiles. Weiterswiller est un village bâti sur le roc vif, qu'on a été obligé de faire sauter en quelques endroits pour rendre la route praticable. A un quart de lieue du village on entre dans la
montagne, en suivant une chaussée aujourd'hui parfaitement praticable, mais qui, il y a quelques années,
était un chemin détestable. Pendant deux heures la
route serpente à travers la forêt, sans que le voyageur
rencontre une autre distraction que la maison forestière appelée Rothlach et située dans une position très-
pittoresque, dans une petite vallée, à côté d'un ruisseau
limpide, oasis brillante de fleurs aux mille couleurs,
qui repose agréablement l'œil fatigué de l'uniforme
taillis bordant la route.

Avant d'arriver sur la hauteur, on remarque à droite
et presque caché par les broussailles et les immenses
branches des vieux hêtres, un rocher bizarre, dont la
forme supérieure ressemble à la tête d'une grenouille
colossale; c'est ce qui lui a fait donner le nom de
Froschenkopf.

LE FORT DE LA PETITE-PIERRE.

A cent pas plus loin, la route tourne à droite et l'on a atteint sa plus grande élévation. La Petite-Pierre n'est pas encore en vue, mais en jetant un regard dans la vallée qui se déroule aux pieds du voyageur, il découvre sa proximité.

Une vallée riante, empreinte de ce bonheur pastoral que Florian décrivait si bien, s'étend devant vous ; l'œil étonné plonge presque perpendiculairement sur ces métairies blanches et coquettes, sur ces prairies émaillées de mille fleurs, sur ces troupeaux dispersés en groupes sur les flancs des montagnes et aux broussailles bordant les rochers. La bergère se mire dans ce ruisseau serpentant avec un doux murmure à travers le gazon ; les clochettes du troupeau, entendues de loin, mêlent les sons suaves de leur bronze aux airs variés des oiseaux, aux chants heureux du bouvier, répétés par l'écho de la forêt et des montagnes. A l'ombre de ce cerisier, voyez-vous cette famille réunie dans un repas champêtre, qu'assaisonne le travail ? Et cet autre cultivateur qui s'attaque à ce morceau de terre inculte, qui seul défigure encore le flanc cultivé de la montagne ? La persistance de son travail vous annonce l'espoir d'un résultat satisfaisant ; car l'expérience lui a prouvé que le travail opiniâtre peut transformer la terre et la forcer à produire là où elle paraît le plus ingrate. Il en a la preuve devant lui : les flancs de la montagne qui renferment cette vallée sont cultivés jusque dans les plus petits recoins ; l'irrégularité de la forme des champs indique les difficultés qu'il fallait vaincre. Des arbres fruitiers sont plantés partout où la possibilité s'en présentait ; des jardinets, des plantations étagées, par ci, par là une gloriette couverte de lierre rampant ou de clématites, enfin tout l'ensemble que l'œil peut embrasser dans cette position prouve le bonheur agreste et le travail assidu de la population de ces montagnes.

On entre dans le faubourg que forment des habitations propres et respirant l'aisance ; les maisons sont distancées par des jardins intermédiaires, qui laissent voir l'autre versant de la montagne, sur le dos de laquelle s'étend le faubourg, et découvre également le côté nord-ouest de la forteresse que représente fidèlement notre lithographie.

Ce fort n'est point entretenu comme il le mériterait ; sa position est importante comme couvrant et défendant une des gorges des Vosges qui donnent accès à l'intérieur de la France ; mais, à mon avis, elle est trop dominée par des hauteurs avoisinantes pour pouvoir résister à un siége.

Le fort de La Petite-Pierre n'a qu'une seule porte d'entrée défendue par des ouvrages avancés, en grande partie taillés dans le roc ; les flancs sont défendus par l'escarpement des rochers et les murailles épaisses que l'on a construites dans les endroits faibles. Au côté opposé à la porte d'entrée et sur l'extrémité sud du rocher à pic se trouve la caserne d'infanterie et d'autres bâtiments militaires, qui tous ensemble forment la citadelle et occupent l'emplacement sur lequel se trouvait l'ancien château de Lutzelstein, dont il reste encore debout une vieille tour carrée, massivement construite, que le génie militaire utilise encore, mais qui ne me paraît plus guère solide.

La citadelle est reliée à la ville par un pont-levis qui aboutit sur la place d'armes ou le polygone; des boulets, des obusiers sans affût, un factionnaire placés là permettent de lui donner indifféremment l'une ou l'autre de ces dénominations. Là se trouve également l'église, qui ne présente aucun intérêt sous le rapport de la construction ou de l'ancienneté. Elle est très-petite et sert à la célébration du culte catholique et du culte protestant. Deux comtes de Lutzelstein et plusieurs princes de Veldentz y sont enterrés.

Le comté de Lutzelstein faisait partie du Saint-Empire romain et comprenait environ quinze villages avec leurs annexes et dépendances, divisés en sept prévôtés, celles de Weinbourg, Lohr, Hambach, Bettweiler, Berlingen, Hangweiler et Zillingen.

Les armes des comtes de Lutzelstein étaient un écusson rompu à chevron blanc sur champ rouge dans la partie supérieure; l'inférieure à champ jaune; cimier à damoiselle avec couronne d'or, lambrequins rouges et jaunes.

Les nobles de Lutzelstein ont promené leur valeur sur maint champ de bataille; ils ont brillé dans maint tournoi, pour voir leur descendance masculine s'éteindre vers le milieu du quinzième siècle. Conrad était au tournoi de Magdebourg, en 938; Eberhard était à celui de Trèves, en 1019; Henri était à celui d'Augsbourg; Conrad était évêque d'Augsbourg, en 1151.

Henri, comte de Lutzelbourg, qui vécut en 1380, avait épousé la sœur de Rodolphe, margrave de Bade, et veuve de Geoffroi, comte de Linange. Il reconnut la suzeraineté de l'empereur romain et reçut en échange les revenus du péage établi à Amertzhausen, château et village bâtis à l'entrée d'un des passages des Vosges. Ce fut aussi lui qui obtint de l'évêque de Metz la moitié de la seigneurie de Geroldseck.

Son frère Burckardt fut nommé évêque de Strasbourg par le chapitre, en opposition à Guillaume de Dietz, en 1390. Plus tard, il fut relevé de ses vœux, et, avec les dispenses du pape, il se maria et eut pour fils les comtes Jacques et Guillaume, qui ont soutenu des luttes nombreuses contre la Lorraine, le Palatinat, les seigneurs de Bitche, de Linange et d'Ochsenstein.

Dans leur guerre contre Frédéric de Bitche, ils déployèrent beaucoup d'intrépidité, escaladèrent le château de Bitche et auraient fait prisonnier le comte, sans le dévouement de Mathias, son valet de chambre, qui, en chemise comme lui, le conduisit sur les remparts et le fit descendre par une échelle qui avait servi à l'escalade; cette échelle venant à se rompre, les deux fugitifs tombèrent d'assez haut sur le rocher, mais sans se faire trop de mal. Frédéric se retira à son château de Lemberg et apprit à sa femme que ses deux enfants avaient été faits prisonniers et étaient restés à Bitche. Cette mère courageuse, accompagnée d'une servante seulement, se présente aux portes de Bitche et force le comte Guillaume de Lutzelstein à la laisser entrer pour voir ses enfants ; comme elle ne put obtenir leur élargissement, elle quitta le château, en annonçant aux deux frères de Lutzelstein que son mari et ses amis sauraient bien les y forcer.

En effet, le comte Frédéric s'adressa à l'électeur palatin Louis, au duc de Veldentz, au duc Frédéric de Spanheim et autres et obtint leur concours ; une grande armée se réunit à Schorbach, près de Bitche, pour assiéger ce dernier château. Guillaume de Lutzelstein en était sorti, y laissant son frère Jacques pour soutenir le siége, emmenant avec lui l'aîné des fils du comte de Bitche, l'autre ayant été rendu dès le commencement du siége.

Pendant le siége de Bitche, le duc Charles de Lorraine conduisit ses troupes devant La Petite-Pierre et tira sur la ville d'une façon si efficace que les bourgeois résolurent de se rendre à condition d'avoir la vie sauve et d'emporter leurs effets, ce qui leur fut accordé ; cependant il n'y avait au château que dix hommes d'armes et quatorze paysans.

Pour conserver leur château de Lutzelstein, les deux comtes furent obligés de le prendre en fief de l'électeur palatin Louis, qui devait toujours conserver l'entrée libre au château.

La conduite des comtes Emich et Schaffried de Linange, qui ravagèrent et pillèrent le château d'Einartzhausen pendant la dernière guerre, provoqua le ressentiment des comtes de Lutzelstein et amena une nouvelle guerre où ces derniers eurent pour alliés les deux frères Jacques et Louis, comtes de Lichtenberg,

ainsi que les deux frères Jean et Guillaume de Vin-
stingen (Fénétrange). Les comtes de Linange étaient
secourus par Thiébaut, comte de Geroldseck, Georges,
comte d'Ochsenstein, Jacques, comte de Mans et de
Saarwerden, et Jean de Fleckenstein.

Les hostilités commencèrent le lundi après la Saint-
Barthélemy 1450, par le sac et le pillage des villages
appartenant aux différents seigneurs; le château de
Lorenzen et celui de Saarwerden furent pris par les
comtes de Lutzelstein; celui de Brumath fut entièrement détruit par eux. Après des cruautés réci-
proques qui durèrent pendant un an, les deux partis
se rencontrèrent dans une plaine entre Wissembourg
et Seltz, et quoique l'armée de Linange fût de 200
hommes plus forte, elle fut battue, et les comtes
Schaffried de Linange et Georges d'Ochsenstein,
avec une soixantaine de chevaliers et beaucoup
d'hommes d'armes, furent faits prisonniers. Jacques
de Lutzelstein avait reçu des blessures graves et nombreuses. Les prisonniers furent d'abord envoyés au
château de La Petite-Pierre, et plus tard à celui de
Lichtenberg.

L'année suivante vit naître une nouvelle guerre entre
les deux frères de Lutzelstein et l'électeur palatin Frédéric. Ce dernier vint camper devant La Petite-Pierre,
à la tête de 16,000 hommes; le siége en dura neuf semaines, pendant lesquelles les canons tirèrent 1200
coups. Le jour de la Saint-Martin le château se rendit;
les deux frères se sauvèrent par un souterrain et mou-
rurent sans descendants.

Depuis lors, le comté de Lutzelstein resta aux comtes palatins; de branche en branche il parvint à la maison de Deux-Ponts, qui en fut dépossédée par la révolution de 1789.

BOUXWILLER.

Après avoir dépassé Steinbourg, Hattmatt, Imbsheim, nous arrivâmes sur la dernière petite hauteur
qui nous cachait Bouxwiller. L'aspect de la ville, vue
de ce côté, a quelque chose de particulier, d'original
même : située dans une belle vallée, entourée de trois
côtés de jardins, de prairies, de champs cultivés, elle
représente la tranquille existence d'une ville champêtre ;
tandis que le quatrième côté, celui qui regarde la route
de Saverne, nous apparut menaçant, noir, sourcilleux
comme une forteresse prête à vomir le feu par les canons de ses remparts. Cependant, en nous approchant
davantage, nous finîmes par reconnaître que ce que
nous avions pris pour des bastions était le résidu
des charbons de terre que l'on creuse au fond du Bastberg et que, faute d'autre emplacement, on est obligé
d'entasser là, à une grande hauteur. La haute cheminée
lançait sa fumée épaisse et nous attestait le travail actif
de l'exploitation. L'on retire de ces mines, qui se dirigent à quatre kilomètres à peu près sous terre vers
Imbsheim, un charbon excessivement gras qui sert à
la fabrication du vitriol, de l'alun, du bleu de Prusse,
etc. Cent quatre-vingts ouvriers mineurs et de fabrique
y trouvent un pain quotidien et assuré.

Sous la direction de M. Schattenmann, la fabrication

BOUXWILLER,
le Rosenbrunn.

a pris un nouvel essor, et voici le tableau qui ressort de
l'exposition des produits de l'industrie de 1849 :

6000 quintaux métriques de sulfate de fer.

8000   —   —   d'alun épuré et ordinaire.
300   —   —   de sulfate de fer et de
cuivre, dit vitriol de Saltzbourg 2 ou 3 aigles.

Indépendamment de l'exploitation des mines de
Bouxwiller, la Société possède les fabriques de différents
produits chimiques de la Reidt et de bleu de Prusse du
Holzhof, au ban de Bouxwiller.

Ces établissements produisent annuellement :

2600 quintaux métriques de prussiate de potasse.
300   —   —   de sel ammoniac.
100   —   —   de muriate d'ammoniaque
                         cristallisé.
50   —   —   de carbonate d'ammo-
                         niaque concret.
500   —   —   de colle d'os.
50   —   —   de phosphore.
200   —   —   de rouge d'Angleterre.
1000   —   —   de noir d'os.
100   —   —   de bleu de Prusse.

Ils emploient cent trente ouvriers.

D'anciennes notions avaient indiqué la présence de
charbons sous les deux mamelons du Bastberg. En 1809
on ouvrit un puits et l'on essaya de débiter comme
combustible le charbon qu'on y trouva; mais le soufre
qu'il contient en trop grande quantité ne permit point
de l'employer à cet usage; on en tira du sulfate de fer

et plus tard de l'alun. Ce n'est qu'en 1818 que la formation d'une nouvelle société donna un nouveau développement à l'établissement.

La ville en elle-même n'est pas belle et ne peut avoir la prétention de l'être. Les rues et les places sont irrégulières, et l'on ne voit point de maison qui se distingue, soit par la grandeur, soit par l'élégance de l'architecture. Mais le tout porte le cachet du bien-être bourgeois, et le bruit des rues, les allures vives des passants font reconnaître que l'amour du travail anime la population.

Le dessin ci-contre peut donner une idée du pittoresque des constructions de Bouxwiller; il est pris en face du Roosbrunnen, ayant au fond la perspective de l'église catholique.

Il n'y a aucun bâtiment remarquable. Depuis la révolution de 1789 on a détruit le château qu'avait décoré et embelli le dernier comte de Hanau et qui était situé sur la place de l'Hôtel-de-Ville. Il y avait également sur cette place une espèce de tourniquet surmonté d'une cage, dans laquelle on enfermait les enfants maraudeurs; le garde-champêtre les faisait tourner, tourner et tourner, jusqu'à ce qu'ils rendaient les fruits mangés.

Nous avons visité avec plaisir et satisfaction le jardin de M. Brey, dont la passion pour l'horticulture est parvenue à créer des parterres emplantés des fleurs les plus belles et les plus variées.

L'église protestante, située au milieu de la ville, l'église catholique, située en dehors de la ville, sur une petite éminence, n'ont absolument aucun intérêt his-

torique ou artistique. La synagogue, construite il y a
quelques années, est assez belle ; l'intérieur surtout
étale un grand luxe en stuc. L'Hôtel-de-Ville est une
construction de la fin du seizième siècle ; la gendarmerie occupe un des bâtiments de service de l'ancien
château. Dans la rue qui conduit à Ingwiller on remarque une aile de constructions, contenant cinq
maisons de même grandeur, sous le même toit, et ayant
servi d'habitations aux cinq conseillers intimes de l'ancienne cour du landgrave de Hesse-Darmstadt.

Il y a encore à Bouxwiller un collége qui jouissait
autrefois d'une grande réputation, mais dont l'importance a diminué. Le comte Jean-Réné de Hanau institua
le gymnase en 1612 ; il fut renouvelé en 1750 et produisit plusieurs savants, tels que le botaniste Lindern,
le médecin Binninger, l'helléniste Bast, etc.

Bouxwiller était autrefois un des neuf bailliages de la
seigneurie de Lichtenberg et n'a pris de l'importance
que lorsque les seigneurs ont commencé à y résider
habituellement, quoique le château y ait déjà existé en
1435 et qu'elle ait été proclamée ville sous le règne de
l'empereur Louis de Bavière.

En 1739, en creusant les fondations d'une maison,
on mit au jour un bâtiment en ruines, de construction
romaine, et ayant évidemment servi de salle de bains.
Cette circonstance, réunie à la présence d'une source
d'eau légèrement médicinale, autorisa l'opinion que
Bouxwiller était occupé par les Romains, sans que l'on
puisse dire sous quel nom cette ville était connue.

Les seigneurs de Lichtenberg l'ont fait entourer de

murs, de fossés et de tours. La dernière tour a été abattue il y a quelques années seulement, pour donner de l'air à la rue principale. Son ancienne enceinte avait vingt-cinq pieds de haut; la maçonnerie était percée de créneaux assez éloignés les uns des autres et flanquée de tours d'espace en espace. Il y avait un chemin en rond, couvert en tuiles, qui communiquait avec le mur d'enceinte, tout autour de la place; extérieurement à ce mur il y avait un fossé large de huit à neuf toises, dans lequel se trouvait une petite fontaine, dont on pouvait retenir l'eau ou la lâcher à volonté.

Il n'y a de remarquable dans l'histoire de Bouxwiller qu'une révolte des habitants de cette ville contre le comte Jacques de Lichtenberg, en 1462. Celui-ci vivait avec une concubine, Barbe d'Ottenheim, et séjournait avec elle au château de Bouxwiller. Cette femme opprima les sujets du comte, se permit de grandes exactions, fit enfermer les hommes, les femmes, les enfants sous le moindre prétexte, édicta de sa propre autorité des journées de corvée, etc. Les bourgeois se plaignirent au comte et lui déclarèrent qu'ils allaient tous quitter la ville s'il ne faisait cesser leurs souffrances; et, sur son refus, ils allèrent tous, à l'exception de six, se réfugier chez Louis de Lichtenberg, frère de Jacques, et implorèrent sa protection, qui leur fut accordée.

Barbe d'Ottenheim voulut alors faire sortir également les femmes et les enfants, mais les femmes se concertèrent entre elles, s'armèrent de toute arme qui leur tombait sous la main, se ruèrent sur les hommes d'armes et les repoussèrent dans le château. Sur ces entrefaites Louis VIII, comte de Lichtenberg, s'empara de la ville de Bouxwiller et força son frère à renvoyer sa concubine à Haguenau, où elle fut brûlée comme sorcière, en 1481.

Les deux frères étant morts sans enfants mâles, les deux filles du comte Louis apportèrent chacune la moitié de la seigneurie à Philippe Ier, comte de Hanau, et à Wecker, comte de Deux-Ponts-Bitche, leurs maris respectifs; cependant la seigneurie fut presqu'entièrement réunie de nouveau dans la maison de Hanau par le mariage de Philippe V, comte de Hanau, avec Marguerite-Louise, héritière du comté de Bitche, en 1570.

A la mort de Jean-Réné, dernier comte de Hanau, en 1736, la seigneurie passa au landgrave de Hesse-Darmstadt, qui en fut dépossédé par la révolution de 1789.

LA FÊTE DE SAVERNE.

De tous côtés l'on voyait des voitures stationnées et une population active décharger et déballer les marchandises pour la foire du lendemain. Les auberges et hôtels du faubourg étaient remplis de monde, et ce ne fut qu'avec peine que nous traversâmes cette foule remuante.

Enfin nous mîmes pied à terre à l'hôtel du Soleil-d'Or. J'employai une partie de la journée à parcourir la ville, qui me parut charmante; les jolies filles se croisaient d'un air affairé, se saluaient joyeusement; mais toutes étaient préoccupées de la toilette du lendemain, et l'espoir de plaire le dimanche leur en fit oublier le soin le samedi.

Assez vexé de cette insouciance, je me dirigeai vers le champ de foire, où m'entraînait le flux des écoliers de tout âge. Eux aussi se promettaient une ample moisson de plaisirs, et, se dérobant à la surveillance paternelle, ils préludaient aux joies à venir par des gambades, des cris et des jeux qui faisaient du parc comme la cour d'un immense collége dont les élèves sont en récréation. J'étais attiré par ce spectacle vif et animé qui me retraçait les heures de bonheur de ma jeunesse, lorsque tout d'un coup il y eut un mouvement général parmi la foule si diversement occupée; tout le monde paraissait attiré vers le même point du parc. J'eus immédiatement l'explication de ce fait : six heures du soir venaient de sonner et toutes les cloches de la ville étaient mises en branle ; derrière moi passait un gros homme en blouse, tenant dans sa main une mèche allumée. Je compris : aux refrains vibrants des cloches devaient se mêler les coups de canon ; je cherchais vainement les pièces d'artillerie, lorsqu'à ma profonde stupéfaction je vis que, sans le savoir, je me trouvais au milieu de la batterie. L'intrépide artilleur, qui, soit dit en passant, était un sergent de ville, mit successivement le feu à six mortiers en fonte, qui étaient fixés en terre avec une inclinaison de quatre-vingts degrés, et qui partaient avec un fracas épouvantable, réveillant tous les échos des montagnes et annonçant aux villages environnants que Saverne se prépare à s'amuser et les convie à sa fête.

Ce qui frappe tout d'abord sur le parc, ce sont les deux immenses baraques construites en planches et servant de buvette et de salle de bal. Le droit de location de ces baraques se met en adjudication et souvent déjà celle des dames a été enchérie pour 3000 francs. La baraque des paysans se loue habituellement à 800 ou à 1000 francs.

L'on dit baraque des dames et baraque des paysans, mais la différence n'existe plus que dans le nom, et si les dames ne vont pas à la baraque des paysans, rien n'exclut ces derniers de la baraque des dames ; j'y ai vu plus tard, dans le cours de la fête, des paysannes du Kochersberg dont l'habillement relevé d'or, d'argent et de rubans aux couleurs tranchantes produisit sur moi une illusion telle que je me croyais à un bal travesti, où l'élégante société s'est donné rendez-vous sous les costumes de fantaisie qui rendent ces bals si brillants. Cependant il faut dire que la police locale tient la main à ce que la réunion ne soit pas trop mélangée.

Chacune de ces baraques, dont la ville fournit la carcasse, laissant à l'adjudicataire le soin de la garnir et de la couvrir, a deux entrées : l'une dans la salle du bal, en traversant le vestiaire, et l'autre dans la buvette. La salle de bal a au fond un volet dans toute sa largeur, pour donner de l'air et de la lumière et pour permettre aux personnes du dehors de voir et d'admirer les danseuses.

Autour des deux baraques se rangent en haie les boutiques des confiseurs, fabricants de pains d'épices et autres douceurs, étalant leurs marchandises friandes devant les yeux des passants et rappelant à l'amoureux que les douces paroles ne suffisent pas toujours pour gagner les cœurs.

Sur le côté gauche du parc se construisent les boutiques des différents marchands forains, formant trois, quatre et quelquefois cinq rues; toutes les industries du pays y sont représentées, et les tissus et calicots du Haut-Rhin y trouvent un débouché certain.

Au fond du parc se rangent les tentes, voitures et baraques des cirques, des danseurs de corde, des vendeurs d'orviétan, des propriétaires de bêtes féroces, de serpents à sonnettes, etc.

Le centre de la place est occupé par les potiers de

terre, les baquetiers; le côté droit est réservé pour le marché aux fruits, noix, raisins, beurre, choux et légumes de toutes sortes.

Derrière les saltimbanques et de l'autre côté du bassin du canal se place le marché aux oignons, qui est le plus important de toute la province. Il s'y vend dans une seule journée plus de 500 hectolitres d'oignons. Toute la Lorraine vient s'y approvisionner. Ce sont les jardiniers de Strasbourg qui fournissent ce marché; accompagnés de leurs femmes, sœurs et filles, ils arrivent le dimanche soir, rangent leurs chariots en ordre pour le lendemain, et, après avoir remplacé leur toilette de voyage par le costume traditionnel et élégant de la tribu des jardiniers strasbourgeois, ils s'acheminent gaîment vers la baraque des paysans, pour y sacrifier quelques heures au plaisir de la danse.

Toutes ces dispositions préparatoires, entièrement neuves pour moi, me rendaient curieux et impatient de voir la fête elle-même, qui promettait d'être brillante et originale.

Le lendemain, de très-bonne heure, je fus sur pied. Comme la veille, à six heures du matin, les cloches et les canons renouvelèrent leur appel et annoncèrent à la population que l'heureux jour avait commencé. Mais déjà bien avant le signal officiel on aurait pu voir se soulever les rideaux de plus d'une fenêtre et plus d'une jolie tête,

> « . . . . dans le simple appareil
> «D'une beauté que l'on vient d'arracher au sommeil,»

s'avancer timidement en dehors, pour s'assurer que le

ciel est d'accord avec la fête et que les capricieux changements de temps du mois de septembre ne nécessiteront point un autre arrangement de toilette.

Cette fois-ci la nature entière s'était mise de la partie; le soleil s'était levé pur et radieux et le voile diaphane du brouillard qui planait au pied des montagnes descendait de plus en plus et promettait une belle journée de septembre. Aussi ne voyait-on partout que des figures épanouies. La vie active de la rue, quoique livrée au travail, avait revêtu un air de fête; les marchands étrangers, ceux de la ville, les colporteurs, tous étaient occupés à transporter les marchandises sur le parc; l'espoir du bénéfice, celui du plaisir, de la joie avaient déridé tous les fronts.

Cependant, avant de se livrer à l'entraînement de la fête, le service divin réunit les fidèles; ce n'est qu'après vêpres que l'ouverture des bals aura lieu.

Quatre heures sonnent! Les tambours battent le rappel; la garde nationale se rend en armes devant l'Hôtel-de-Ville. Là se réunissent le conseil municipal et les fonctionnaires de toutes les administrations. Le cortége se forme entre une haie de soldats-citoyens et entouré d'une foule innombrable. Le sous-préfet, le maire, ses deux adjoints en costume officiel et les fonctionnaires publics s'avancent précédés de la musique de la garde nationale jouant les airs patriotiques. La gendarmerie à cheval et les sergents de police marchent en tête pour ouvrir la foule compacte.

Le cortége traverse la ville; en vain les membres qui le composent cherchent-ils à conserver le sérieux diplomatique au milieu de toutes les figures rayonnantes qui les entourent; ils finissent par prendre le pas de la musique, les bras s'entrelacent, et de droite et de gauche, sous-préfet et maire, adjoints et conseillers répondent aux joyeuses acclamations qui les saluent.

Après avoir ainsi parcouru la Grand'rue et le faubourg, le cortége s'avance sur le parc par le côté opposé à la ville; la foule qui l'attend est tellement compacte qu'à peine peut-il se faire jour. La tête de colonne a été saluée par la formidable artillerie de boîtes dont j'ai déjà parlé; mais les pièces ont une autre direction, pour que les bourres, en retombant, ne cassent pas les têtes des spectateurs. Arrivée sur le milieu du parc, la garde nationale forme le cercle, et le maire, placé au centre, fait donner lecture du règlement de police. Cette formalité remplie, le cortége, musique en tête, entre dans la baraque des dames.

Là, pendant que les autorités traversaient la ville, les dames s'étaient arrangées pour les recevoir, sachant fort bien que l'on viendrait déposer à leurs pieds l'hommage qui leur est dû. L'orchestre est à sa place; trois à quatre rangées de bancs longent les quatre côtés de la salle, et là s'étalent, dans un mélange varié, les suaves contours de la jeunesse et les figures plus sévères des tantes qui les chaperonnent, les toilettes brillantes, la simple robe blanche en mousseline, les robes de soie, les savants tours de cheveux, et le petit bonnet de dentelles. Les mères, guidant leurs filles sur le terrain glissant de la coquetterie, ont eu soin de les placer sur les premiers bancs, et leurs cœurs maternels battent d'impatience, pour voir ratifier par les danseurs la bonne opinion qu'elles ont conçue de leur beauté et de leurs grâces. Tous les ans de nouvelles fleurs fraîchement écloses se mêlent à la foule des danseuses et remplacent celles que l'âge a fanées. Il y avait foule, sans que l'élégance en fût exclue. Point de dorures, ni tentures, ni draperies pour la décoration de la salle; quelques drapeaux tricolores, symétriquement placés, et quelques guirlandes en feuilles de chêne et de buis en font seuls les frais. Tout porte le caractère champêtre, et la gaîté, pour être plus libre, n'en est que plus franche et plus cordiale.

L'orchestre jette ses frivoles mélodies; l'usage veut que les autorités de la ville fassent seules la première valse, la valse d'honneur, et bien heureuse et bien fière la danseuse qui devient l'élue de l'une ou de l'autre de ces personnes d'élite : c'est une recommandation pour tous les danseurs, en même temps que l'occasion lui est fournie de faire briller et admirer la taille, la toilette, l'élégance et la légèreté de la danse, la foule formant cercle et les mouvements restant libres. Le sous-préfet et le maire, ayant sacrifié à cet ancien privilége, se remettent à la tête du cortége, pour arriver à la baraque des paysans, où tout se passe de la même manière.

A peine ces formalités terminées, je ressortis de la baraque des paysans, pour suivre le cours de mes observations. Mais la scène du dehors était complétement changée: un immense vertige de folie semblait s'être emparé de cette foule; de tous côtés une musique épouvantable s'était élevée en stridentes résonnances ; l'ouragan longtemps contenu dans les poitrines des Bohémiens s'était déchaîné sur tous les tréteaux et se précipitait dans l'espace sous forme de valses, de marches, de polkas, de contredanses. Ici un orgue de Barbarie charme les oreilles des bonnes et des gamins se disputant pour monter dans un carrousel ; chacun veut dépenser le premier les sous dont la munificence paternelle a garni sa poche. Là, une voix formidable, sortant d'un énorme porte-voix en fer-blanc, vous annonce que tous les rois de l'univers se sont donné rendez-vous ici et que vous pouvez les admirer faisant la cour à la reine Pomaré. Une partie de la foule se porte au manége, où les gagistes de Ducrow et de Franconi font le saut périlleux ; des fanfares résonnent à l'intérieur de la tente : « L'on va commencer à l'instant ! Voici le moment ! Entrez, entrez ! prenez vos places ! » La curiosité, stimulée par les toiles peintes, où se trouvent reproduites les positions les plus hardies et les plus extravagantes, entraîne tout le monde.

Jaloux de cette préférence, le voisin donne le signal, et soudain les clarinettes, s'unissant tant bien que mal aux trompettes à pistons, auxquelles se joignent la grosse caisse, les bassins et le roulement du tambour, entonnent un tel vacarme que je me sauve tenant mes oreilles.

J'en avais assez vu de ce côté et surtout assez entendu. Une valse de Strauss, passablement exécutée, m'entraîna de nouveau dans la baraque des dames. Ici, comme au dehors, tout tourbillonnait ! La foule est toujours d'un bon effet dans un lieu de plaisir, et il est convenu qu'une fête n'est complète que si l'on s'y étouffe un peu.

Les pas légers des danseurs voltigeaient sur les planches du parquet; les dames avaient fait de grands frais de toilette. La société était un peu mêlée : on y voyait des parures de bal, des toilettes de ville et de promenade et quelques négligés moins que galants , ce qui n'a pas empêché que la fête fût très-animée et très-belle. Vers sept heures du soir tout le monde se retire , autant pour se reposer que pour chercher des forces dans le souper, changer de toilette et revenir à neuf heures et demie du soir.

Je me conformai à cet usage, et, ma toilette de bal faite, je me rendis à la baraque des dames, qui commençait à se garnir. Je restai encore un instant à la buvette, qui a aussi sa physionomie particulière. Au fond se trouve un réduit carré qui sert de garde-manger et de cave; à côté est la cuisine, qui consiste en un âtre sur lequel brûle un immense feu; au-dessus sont suspendus deux chaudrons pour la préparation du vin chaud et du punch; autour du feu d'autres pots renferment du café, du lait, de l'eau chaude, etc. Le foyer est garanti contre les entreprises des buveurs par un buffet sur lequel sont placés les verres, assiettes, bouteilles, etc.; plus loin et hors de l'atteinte des mains indiscrètes sont rangées sur une étagère les bouteilles de bourgogne, de bordeaux, de champagne et autres vins fins.

Des tables et bancs en planches de sapin sont placés

sur les deux côtés, et au milieu de l'intervalle règne une autre table aussi longue que la salle. Ces tables, ainsi que les bancs, ont leurs pieds enfoncés dans la terre et peuvent ainsi résister aux mouvements de la foule qui, à des moments donnés, s'y précipite.

Enfin un coup d'archet m'arrache de la buvette et je m'élance dans la salle. L'aspect avait changé : en haut, en bas, au milieu, à droite, à gauche, partout des femmes charmantes. On ne découvre autre chose que des femmes de seize à vingt ans et des hommes de seize à vingt-cinq, tant les figures sont empourprées de jeunesse et de bonheur. Les couples se sont formés et attendent impatiemment le moment de se lancer en cadence. Il arrive! le parterre du salon rebondit sous le mouvement régulier de la valse; on sent que l'on est dans le monde réel de l'agitation et du plaisir. Je vis passer devant moi les plus jolies têtes du monde, des tailles de nymphes, des parures éblouissantes, des robes simples et blanches, des figures aristocratiques et des faces gonflées de santé. Tout s'amusait, tout pétillait de plaisir.

La valse finie, je pris le bras d'un jeune homme dont j'avais fait la connaissance, et nous nous promenâmes dans la salle, moi dans l'intention de me choisir une danseuse, et lui pour me raconter par ci, par là quelques-unes de ces anecdotes que les petites villes colportent si facilement sur le compte de ces femmes qui s'étaient tant parées, tant pressées pour orner le bal et augmenter le plaisir de la fête. Pauvres femmes! si vous saviez comment l'on vous traite quelquefois, vous ne chercheriez pas tant à plaire à cet être égoïste et sans pitié que l'on appelle l'homme !

A une heure du matin les rangs s'éclaircirent par la retraite d'une certaine partie de la société. Les jeunes gens devinrent plus bruyants, et les fréquentes visites qu'ils firent à la buvette devaient nécessairement y contribuer pour quelque chose. A partir de deux heures du matin le bal devint d'une gaîté toujours plus bruyante ; les bancs et les tables de la buvette se garnissaient de jeunes gens et de lorettes, et je compris que pour certaines personnes il y avait nécessité de se retirer. A cinq heures du matin le bal finissait, sans que pour cela la buvette fût dégarnie. Lundi avait commencé, et déjà aux traînards du bal venaient se mêler les robustes paysannes, qui apportaient sur leurs têtes, dans de grands paniers blancs et proprement couverts, les provisions qu'elles allaient exposer en vente.

Si le dimanche est réservé aux plaisirs, le lundi est le jour des marchés, des transactions. Un immense concours de monde se presse et se heurte sur cette place ; tous les costumes de paysans à vingt lieues à la ronde y ont leurs représentants. Tout le monde vend, chacun achète, et l'on se trouve heureux de la satisfaction qui apparaît sur toutes les physionomies. De temps à autre il y aussi quelque petit épisode de filouterie, de vol, mais ce sont déjà de grandes exceptions.

Si tout le monde se fatigue à la danse, à la course ou de toute autre manière, il n'en est pas ainsi des danseurs de corde, faiseurs de tours, montreurs de curiosités, etc. En présence de cette foule ils s'agitent, ils crient, ils trépignent, ils craignent que les paysans leur échappent, ils leur sourient, ils les caressent de la voix et du geste, et il en est même qui, entraînés par l'espoir du gain, enhardis par le vin, leur parlent allemand! Oh! alors le coup est porté, le paysan est séduit, le tribut se paie, et eux aussi finissent par avoir fait une bonne journée.

Le soir de lundi, encore bal dans les mêmes conditions. Mardi est jour de repos; mercredi soir, encore bal; mais celui du jeudi est le plus brillant. Il est ordinairement rehaussé par la présence des étrangers venant de Phalsbourg, Wasselonne, Bouxwiller, Hochfelden et autres lieux.

Le marché de jeudi est la foire aux bestiaux; outre les marchandises ordinaires, il se vend à Saverne ce jour-là plus de 400 chevaux et plus de 600 bêtes à cornes.

Avec ce jour la foire prend fin, mais les baraques restent encore debout pendant trois à quatre dimanches et l'on danse toujours. Il faut cependant que je rende compte d'une valse-monstre qui clôt la fête dans la baraque des paysans. Il s'agit, après avoir dansé pendant cinq nuits consécutivement (car à la baraque des paysans l'on danse tous les soirs), de savoir qui aura le prix de la danse: un coq; de là le nom de *Hahnentanz*. Ce coq, préparé pour être rôti, orné de rubans, posé sur un plat, est placé sur une des poutres transversales de la baraque. On place à côté de lui une bougie préparée pour la circonstance, c'est-à-dire qu'horizontalement au travers de cette bougie il passe un fil au bout duquel est attachée une balle de fusil; ensuite la chandelle est allumée et le bal commence. Le premier couple reçoit un bouquet qu'il peut conserver tant qu'il dansera, mais aussitôt qu'il s'arrête pour reprendre haleine, le bouquet passe dans d'autres mains, et ainsi de suite jusqu'à ce que la chandelle soit brûlée au point où elle est traversée par le fil; ce fil brûle alors lui-même et la balle tombe; c'est le couple qui tient le bouquet en ce moment qui a gagné le coq. Il est incroyable que d'efforts se font lorsque l'on suppose que le moment est arrivé; il en est qui ne veulent plus cesser de valser, quoique leurs forces s'y refusent. J'y ai vu une scène délicieuse entre mari et femme, qui, à ce qu'il paraît, voulaient à toutes forces gagner le coq; le mari n'en pouvait plus! la femme, plus robuste, l'entraînait, le tournait, l'encourageait, et, sentant ses forces diminuer à chaque tour sur elle-même, jetait un coup d'œil désespéré sur le coq et sur la maudite balle qui ne voulait pas tomber. Le couple suivant réclamait le bouquet avec presqu'autant d'insistance que l'autre le retenait; à la fin la musique trancha la question en accélérant la mesure de la valse; vaincus par ce coup de Jarnac, les pieds de la femme se refusèrent au service. Rien ne saurait décrire l'abattement de cette pauvre femme et le regard de colère et de sublime dédain qu'elle jeta à son mari; aussi je suis certain que si les poumons n'avaient point été aussi épuisés que les pieds, il aurait eu à soutenir une bourrasque d'un autre genre!

Quelquefois cette péripétie se prolonge pendant une

demi-heure, surtout lorsque la musique augmente la vitesse de la mesure, et alors c'est un véritable combat sous forme de valse.

Le jeu de quilles a aussi ses amateurs et son prix, qui consiste ordinairement dans un mouton vivant.

Enfin, il n'y a pas de si belle fête dont on n'aime à voir la fin, et, pour ne pas ennuyer plus longtemps, je veux ici en clore la description, avec invitation à tous mes lecteurs, si j'en trouve, de venir à la prochaine fête de Saverne pour juger de la véracité de mon récit.

TABLE DES MATIÈRES.